PLAIDOYER

DE

M. DE BROÉ, AVOCAT GÉNÉRAL,

DANS

LE PROCÈS DU COMTÉ DE VERTUS.

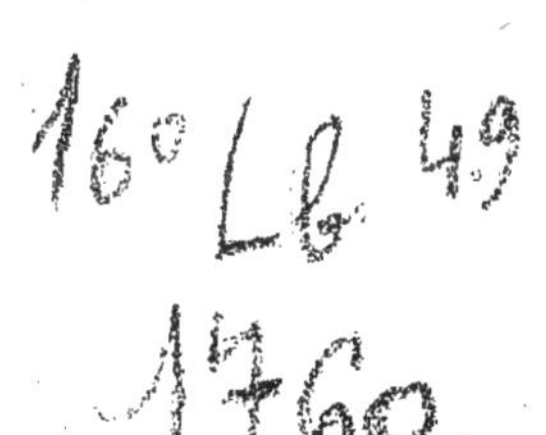

TABLE DES SOMMAIRES.

PLAIDOYER

DE M. DE BROÉ, AVOCAT GÉNÉRAL,

Prononcé devant la Cour royale de Paris,

DANS LA CAUSE

RELATIVE AU COMTÉ DE VERTUS,

ENTRE

LE PRÉFET DE LA MARNE,

Représentant le domaine de l'État,

ET

S. A. R. Mgr LE DUC DE BOURBON, PRINCE DE CONDÉ,

ET MM^{lles} LES PRINCESSES DE ROHAN,

Héritiers du Maréchal Prince de Soubise;

(RECUEILLI PAR LE STÉNOGRAPHE.)

PREMIÈRE PARTIE.

FAITS.

(Audience du mardi 28 novembre 1826.)

MESSIEURS,

Les procès qui s'agitent devant vous tiennent ordinairement à des faits récens : l'origine de celui-ci remonte à plusieurs siècles. Vous avez le plus souvent à juger des questions d'intérêt privé qui reposent sur l'interprétation d'actes entre particuliers : les questions les plus élevées se présentent ici ; elles se rattachent aux bases de notre antique monarchie, et embrassent une série d'actes politiques ou de famille, émanés de nos rois. C'est devant une seule juridiction, devant un tribunal dont les attributions vivantes sont fixées par nos lois, que sont commencés les procès soumis chaque jour à votre souveraine justice : cette contestation, entamée il y a trois cents ans devant le parlement de Paris, présente à votre appréciation des monumens divers émanés de juridictions éteintes, et au milieu desquels il ne s'agit de rien moins que de comparer les pouvoirs des anciens parlemens et des conseils du Roi. Enfin, Messieurs, il nous suffit ordinairement d'ouvrir le Code si volumineux déjà de notre législation nouvelle : c'est aujourd'hui le livre de l'histoire qu'il faut que nous interrogions, et avec lui les vieilles annales d'un droit public dont tant de bases ont été renversées.

A ce simple aperçu d'une cause que relèvent encore et son importance pécuniaire et la qualité des parties, comment ne serions-nous pas effrayé de la tâche qui nous est imposée ! Nous en sentons tout le poids. Nous nous efforcerons toutefois de parcourir la carrière, heureux de penser que vos lumières sauront suppléer à tout ce que nous pourrions omettre.

Nous reprenons les faits brièvement, mais dans leur entier ; car, Messieurs, l'éloignement et la durée des plaidoiries que vous avez entendues dans l'intérêt des héritiers de Soubise ; le mode de défense de l'État, qui ne consiste, d'après nos lois, qu'en une lecture souvent fastidieuse des mémoires signifiés à la requête du préfet : tout nous fait un devoir de ne rien négliger sur ce point.

§ I.er FAITS GÉNÉRAUX.

En 1360, le roi Jean, fait prisonnier à la bataille de Poitiers, était encore retenu par les Anglais. Déjà cependant sa rançon était fixée. Trois millions d'écus en formaient le montant ; et sur cette somme six cent mille écus devaient être payés comptant.

Chacun sait quelle était alors la position de la France, épuisée par les désastres de la guerre et les déchiremens des factions.

Mariage d'Isabelle de France.

Galéas, duc de Milan, pensa que l'occasion pouvait être favorable pour obtenir pour son fils Jean Galéas la main d'Isabelle de France, fille du roi Jean. Une somme considérable (qu'on porte à 600,000 florins) fut offerte par lui comme condition du mariage. Le dauphin, régent du royaume (depuis Charles V), accepta l'offre ; et le mariage fut conclu.

Isabelle de France reçut en dot une assignation de trois mille livres de revenu sur la terre de Sommières, située dans la sénéchaussée de Beaucaire. Sommières fut érigé en comté. Une clause de retour fut stipulée en faveur du roi et de ses successeurs rois de France, pour le cas d'extinction de la descendance légitime d'Isabelle.

Cependant le roi Jean sortit de captivité.

Sa fille et son gendre ne tardèrent pas à lui exposer

que Sommières était trop éloigné de la capitale, et qu'ils desireraient une assignation de dot plus rapprochée de la résidence royale. Leurs vœux furent bientôt accomplis. Des lettres patentes d'avril 1361 substituèrent Vertus à Sommières.

Création du comté de Vertus.

Le montant de la nouvelle assignation dotale est le même. Vertus est aussi érigé en comté avec ses annèxes, Moymer, Rosnay, et la Ferté-sur-Aube. Une clause de retour est aussi établie; mais vous savez, Messieurs, que son interprétation forme une des difficultés principales du procès.

Descendance d'Isabelle.

De son mariage avec Jean Galéas de Milan, Isabelle eut une fille, Valentine de Milan, qui, après la mort de ses deux frères décédés sans postérité, demeura la seule héritière de sa mère.

Valentine épousa, en 1387, Louis, duc d'Orléans.

Lors de ce mariage, Isabelle n'existait plus. Le contrat de mariage de Valentine mentionne le droit acquis de cette dernière, sur le comté de Vertus.

Valentine eut quatre enfans: 1.° Charles, duc d'Orléans; 2.° Philippe (mort sans alliance); 3.° Jean, comte d'Angoulême, et 4.° Marguerite d'Orléans. Ce fut à cette dernière que passa le comté de Vertus, par l'effet d'un partage fait en 1445, après la mort de Philippe.

Branche légitime de Bretagne.

En 1446, Marguerite d'Orléans épousa Richard de Bretagne, comte d'Étampes, dont elle eut un fils, François II, duc de Bretagne, qui recueillit Vertus dans la succession de sa mère.

François II mourut le 9 septembre 1488, et avec lui s'éteignit la branche masculine de Bretagne. Il laissait deux filles légitimes, dont l'aînée, Anne de Bretagne, demeura sa seule héritière, après la mort d'une sœur cadette qui survécut peu au père commun. François II laissait aussi plusieurs enfans naturels qu'il avait légitimés. Il avait créé l'aîné baron d'Avaugour.

Branche naturelle.

Comme nous ne nous occupons, en ce moment, que de fixer les faits, nous ne rechercherons pas s'il était au pouvoir de François II de disposer du comté de Vertus au préjudice d'Anne de Bretagne. Nous ne rechercherons pas non plus jusqu'à quel point, après le mariage de cette princesse avec les rois Charles VIII et Louis XII, il put entrer dans la politique de la France de ménager ce qui tenait aux dispositions du dernier duc de Bretagne, avec qui elle avait eu de si graves différens, et dont elle ne devait pas tarder à recueillir définitivement l'héritage. Ce qui est certain, c'est qu'en 1485 François II avait donné le comté de Vertus au baron d'Avaugour; et que depuis lors ce comté est demeuré dans la branche légitimée de Bretagne. Nous verrons tout à l'heure que ce ne fut pas sans contestation que cette possession se continua.

Remarquons, dès ce moment, que le motif de la donation de 1485 est ainsi indiqué dans l'acte « *pour* » *l'entretenement de notredit fils, eu égard à la proximité* » *du sang,* » et que cet acte porte : « *la donation n'aura*

» *lieu qu'au cas que nous décédions sans hoirs mâles* » *procrées de notre chair en loyal mariage* ». Ces clauses semblent indiquer que le but du donateur était de perpétuer le nom de Bretagne. Et en effet, le titre de baron d'Avaugour emportait celui de premier baron de Bretagne. La légitimation autorisait le baron d'Avaugour à porter le nom et les armes de Bretagne; et depuis la mort de Francois II, le nom et les armes de Bretagne restèrent effectivement dans la maison légitimée et furent reconnus par les rois de France dans plusieurs actes, avant et depuis l'union de la Bretagne à la France.

Démembremens de Vertus.

Pendant la possession de la branche légitimée de Bretagne, deux démembremens du comté de Vertus eurent lieu. La ville et prévôté de Rosnay, second siége de ce comté, avait été saisie sur Odel de Bretagne vers 1580, et vendue par décret forcé à la requête de ses créanciers. La ville et prévôté de la Ferté-sur-Aube, saisie à la requête du comte de Marsin, maréchal de France, sur la succession de Claude de Bretagne, second du nom, fut également vendue par décret forcé en 1704, et adjugée au comte de Toulouse, l'un des fils naturels de Louis XIV.

Le 2 septembre 1746, la branche masculine légitimée de Bretagne s'éteignit elle-même dans la personne de Henri-François de Bretagne, dernier baron d'Avaugour, décédé sans postérité.

Maison de [Roh]an Soubise.

Le maréchal prince de Rohan-Soubise, son cousin issu de germain, se trouva son héritier.

Vertus passa dans la maison de Rohan-Soubise : ce ne fut pas non plus sans difficulté.

Toutefois, cette possession dura jusqu'à la révolution.

A cette époque, S. A. R. le duc de Bourbon et la princesse de Guémenée, sa tante, héritiers du prince de Soubise, émigrèrent. Révolutio

Le 25 thermidor an 2, l'administration des domaines, agissant en vertu de la loi du 10 frimaire précédent, qui portait révocation des concessions du domaine de l'État, prit possession de la totalité du domaine de Vertus. Des ventes considérables furent faites : il ne resta plus guère que les bois.

Sous le gouvernement impérial, des réclamations furent présentées par la princesse de Guémenée rentrée en France. Elles n'avaient eu aucun résultat définitif, lorsque survint la restauration.

La loi du 5 décembre 1814 fut rendue. La restitution d'une première moitié des portions non vendues du domaine de Vertus eut lieu en 1816, au profit de M. le duc de Bourbon; l'autre moitié fut bientôt après rendue aux dames de Rohan, héritières de la princesse de Guémenée, alors décédée. Mais il importe de remarquer sur-le-champ que ces restitutions n'eurent lieu que sous la réserve la plus expresse des droits de l'État. Restaurati

Enfin, les biens ainsi restitués ont passé dans les mains du sieur Thuret, par l'effet d'une adjudication du 9 novembre 1822, faite à son profit, à la requête Vente.

des héritiers de Soubise, moyennant la somme de un million cent vingt mille trois cent cinquante francs.

Voilà, Messieurs, ce que nous nommerons les *faits généraux*. Nous avons cru devoir commencer ainsi par fixer les dates dans leurs rapports avec les diverses transmissions de Vertus. Maintenant reprenons, et parcourons la série des *faits judiciaires*.

§ II. FAITS [JUD]ICIAIRES.

[O]rigine [du] procès.

En exécution des ordonnances rendues dès 1531, sur la recherche des domaines de la couronne, le procureur général au parlement de Paris fit saisir le comté de Vertus. Il soutenait que, dès-lors, il y avait lieu à réunion à la couronne, et que les dispositions faites par le dernier duc de Bretagne, au profit de son fils naturel, n'avaient pu nuire aux droits de l'État.

La contestation était d'autant plus délicate, alors, que, d'une part, la descendance d'Anne de Bretagne existait, sans être encore parvenue au trône, et que, d'autre part, une question de garantie assez grave était opposée à l'action du procureur général, du chef de Charles duc d'Orléans, père de Louis XII. Le parlement, par arrêt du 12 mai 1533, appointa les parties en droit, pour produire ultérieurement au principal, et fit main-levée provisoire de la saisie.

Arrêt [du] parlement, du [12 m]ai 1533.

Après la mort du baron d'Avaugour, le procureur général fit renouveler sur Odel de Bretagne, son fils, la saisie du comté de Vertus. La position des choses était alors en partie changée; car la descendance d'Anne de Bretagne était parvenue au trône de France, en la personne de Henri II, devenu roi le 31 mars 1547. Mais la question de garantie tirée du partage de 1445 subsistait toujours. Par arrêt du 23 août 1567, le parlement fit encore main-levée provisoire de la saisie, et ordonna que le procès sur le fond serait mis en état dans un délai donné.

Arrêt du parlement du 23 août 1567.

Il n'existe pas, aux pièces, d'expéditions de ces arrêts; et les recherches que nous avons faites aux archives du palais pour nous les procurer sont demeurées infructueuses. Les registres de cette époque sont incomplets : celui de 1533 manque, et la partie de celui de 1567 où devaient se trouver les arrêts du mois d'août manque également.

Cependant les dispositions de ces deux arrêts ne peuvent être l'objet d'un doute : les anciens mémoires en font foi.

Ainsi, le prince de Soubise s'exprimait en ces termes, dans une requête produite en son nom, au conseil, en 1779 :

« En 1533, le procureur général avoit requis la réunion » du comté de Vertus au domaine. Il fit valoir tous les » moyens que propose aujourd'hui l'inspecteur du domaine. » L'affaire *fut appointée;* et *par provision* le comte de Vertus » fut maintenu.

» Nouvelle tentative en 1567; elle n'eut pas plus de » succès que la première, et la maintenue prononcée par » l'arrêt de 1533 fut confirmée par celui de 1567. »

Cetre requête se termine par l'inventaire des pièces produites; et l'on y lit ces mots :

« La 39.e, du 12 mai 1533, est l'original en parchemin

» d'un arrêt de parlement au sujet de la saisie du comté de » Vertus, faite à la requête de M. le procureur général, » comme prétendant ledit domaine être du domaine du » roi, pour lequel la cour, *par provision*, a fait main-levée » au comte de Vertus de ladite saisie.

» La 40.e, du 23 août 1567, est l'original d'un autre arrêt » du parlement, qui ordonne l'exécution de celui du 12 mai » 1533. »

C'est absolument dans les mêmes termes que ces deux arrêts sont visés dans les arrêts du conseil de 1695 et 1779.

Le mémoire produit, dans l'instance de 1779, par l'inspecteur général du domaine, nous a même conservé le texte presque entier de ces deux arrêts. Voici ce qu'il porte relativement au premier :

« Le parlement rendit un premier arrêt, le 12 mai 1533, » par lequel il *appointa les parties en droit*, pour produire » au principal dans trois mois. L'arrêt ajoute : *Per modum* » *provisionis* dictoque *pendente processu*, ac donèc aliter » fuerit ordinatum, præfatus consanguineus noster de Bri- » tanniâ, manum levatam de jàm dicto comitatu Virtutum, » suis prædictis pertinentiis et dependentiis, habebit, eique » fructus illius à tempore saisiæ hùc usque capti et percepti, » reddentur. »

Le même mémoire, parlant du second arrêt, dit d'abord que le parlement, suivant les mêmes erremens qu'en 1533, a rendu un second arrêt, aussi par forme de provision, le 23 août 1567; puis il donne le dispositif en le guillemettant : « A ordonné que, pendant le » procès demeuré indécis sur le fond, ledit Odel auroit » main-levée de la saisie du comté de Vertus, et jouiroit

» des fruits ; que dans six mois il feroit mettre le procès » principal en état de sa part, en jugeant lequel sera aussi » fait droit sur la requête dudit procureur général, afin de » barrer les armes dudit d'Avaugour. »

Un autre document du procès, et celui-là bien authentique, achève de nous instruire sur les arrêts de 1533 et 1567. Ce sont des lettres patentes de mars 1728, relatives à la Ferté-sur-Aube (démembrement du comté de Vertus, acquis par le comte de Toulouse). Elles sont adressées au parlement de Paris : nous vous les lirons tout-à-l'heure en entier ; mais dès ce moment nous vous y ferons remarquer ces mots :

« C'est par des motifs aussi puissans que, par des arrêts que » vous avez rendus les années 1533 et 1567, en *prononçant* » *un appointement* sur la demande en réunion à notre do- » maine du comté de Vertus, formée par notre procureur » général, vous avez maintenu les comtes de Vertus *par* » *provision*, dans la possession de ce comté. »

Et plus loin :

« Ce sont les mêmes motifs qui l'obligent (le comte de » Toulouse) de recourir à notre autorité pour.... lever » les obstacles qui pourroient se rencontrer à l'enregistre- » ment d'icelles, sur le prétexte de la demande en réunion » *appointée pardevant vous.* »

Plus loin encore :

« Vous aurez à procéder à l'enregistrement d'icelles, » *nonobstant la demande en réunion appointée devant vous* » *par les arrêts de 1533 et 1567.* »

A toutes ces preuves, s'en joint une qui suffirait à elle seule, c'est l'accord unanime des parties sur ce point.

Ainsi, Messieurs, rien de plus constant que les dispositions des arrêts du parlement de Paris, du 12 mai 1533 et du 23 août 1567. Un appointement en droit de la cause au principal, et une maintenue provisoire en possession, voilà ce qu'ils prononcent.

Nouvelles poursuites.

En 1691, nouvelles poursuites contre Claude de Bretagne, baron d'Avaugour; mais cette fois c'est à la requête du fermier des domaines de Champagne (un sieur Bordet). Il demandait aussi la réunion; mais, comme de raison, dans son intérêt privé, dans l'intérêt de son bail; ce fut au roi en son conseil que la contestation fut soumise. Le contrôleur général des domaines y intervint, et soutint les prétentions du fermier; la question de garantie subsistait toujours.

Arrêt du conseil du 22 mars 1695.

Le 22 mars 1695 fut rendu, en la grande direction, au rapport de M. d'Argouges de Rannes, maître des requêtes, un arrêt du conseil ainsi conçu :

« Le roi, en son conseil, faisant droit sur l'instance, sans » s'arrêter à l'intervention du contrôleur général de ses » domaines, ni à la demande dudit Bordet, à fin de réunion » du comté de Vertus au domaine, maintient et garde ledit » d'Avaugour en la possession et jouissance dudit comté » de Vertus, terres et seigneuries de Moymer, Rosnay et » la Ferté-sur-Aube, circonstances et dépendances; leur » fait, Sa Majesté, défenses et à tous autres, de le troubler » et inquiéter à l'avenir pour raison de ce; et sur la demande » en sommation et autres fins et conclusions des parties, Sa » Majesté les a mis hors de cour et de procès, tous dépens » compensés. »

Les poursuites recommencèrent en 1746 contre le maréchal prince de Soubise, à l'extinction de la branche légitimée de Bretagne. Elles eurent en même temps pour objet diverses seigneuries importantes, situées en Bretagne. Voici comment elles s'engagèrent (et ici nous devons entrer dans quelques détails). Poursuites reprises.

Le prince de Soubise, en qualité de cousin issu de germain et d'aîné, avait, par acte du 3 octobre 1746 au greffe de la juridiction royale de Saint-Brieux, dans le ressort de laquelle étaient situées la baronnie d'Avaugour et autres seigneuries en dépendant, requis, suivant les formes du temps, *main-levée de la succession* de Henri-François de Bretagne, dernier baron d'Avaugour, décédé le 2 septembre précédent. Dès le 15 du même mois d'octobre, le receveur général et le fermier des domaines de Bretagne avaient formé, au même greffe, opposition à cette main-levée, sur le motif que l'extinction de la branche légitimée de Bretagne donnait lieu au retour des terres d'Avaugour et de Clisson à la couronne. Cette opposition avait été suivie d'une assignation devant la juridiction royale de Saint-Brieux, signifiée au prince de Soubise le 26 du même mois d'octobre.

A la même époque, le prince de Soubise avait aussi présenté requête en main-levée de la succession aux juges royaux de Nantes, pour ce qui relevait du roi sous le proche fief de ce siége. Une opposition était survenue de la part du procureur du roi, relativement à la châtellenie de Clisson : et sur cette opposition il était intervenu, le 15 octobre 1746, une ordonnance portant que les parties se pourvoiraient.

Le prince de Soubise présenta requête au conseil, par laquelle il conclut à l'évocation des oppositions du procureur du roi au présidial de Nantes, et du receveur général et du fermier des domaines de Bretagne, ainsi que de l'assignation qui lui avait été donnée à la requête de ces derniers, devant les juges de Saint-Brieux. De leur côté, le receveur général et le fermier présentèrent au conseil une requête, par laquelle ils persistaient à soutenir qu'il y avait lieu à la réversion d'Avaugour, de Clisson et des seigneuries en dépendant; et du reste, ils déclarèrent consentir à ce que la levée des scellés fût faite par le juge en la présence des personnes fondées de leurs procurations, afin que le triage des titres et papiers concernant ces terres fût opéré, et que le prince de Soubise pût exercer ses droits d'héritier sur les meubles et autres biens d'hérédité.

Ces requêtes ayant été communiquées à l'un des inspecteurs généraux du domaine (M. Fréteau), celui-ci répondit, dès le mois de janvier 1747, par un mémoire, dans lequel il soutint, quant aux terres d'Avaugour et de Clisson, le système présenté par le receveur général et le fermier des domaines de Bretagne; et ajouta, quant au comté de Vertus, que le don qui en avait été fait à Isabelle de France avait été limité à sa descendance légitime; que tous les droits de descendans légitimes d'Isabelle s'étaient réunis à la couronne, lorsqu'en 1547 Henri II s'était trouvé, à la fois, être l'héritier de la couronne, et avoir droit au comté de Vertus du chef de la reine sa mère, comme héritier principal et légitime de Marguerite d'Orléans, son aïeule, à qui ce comté avait passé à titre de partage comme petite-fille d'Isabelle; que dès ce moment le droit de rentrer sans bourse délier dans le comté de Vertus avait été ouvert à la couronne; que si l'exercice de ce droit avait été suspendu, c'était uniquement par la considération que la grand'mère de Henri II était de la maison de Bretagne, branche de la maison royale, et que le comté de Vertus avait été donné en 1485 à un bâtard de cette maison pour l'aider, ainsi que ses descendans mâles, à soutenir le nom et armes de Bretagne dont ils étaient décorés; que ce motif ayant cessé par l'extinction de cette descendance, il y avait indispensablement lieu à la réunion. L'inspecteur général conclut, par ces motifs, à ce que la baronnie d'Avaugour, la châtellenie de Clisson et autres seigneuries situées en Bretagne, le comté de Vertus et les terres et seigneuries de Moymer, Rosnay et la Ferté-sur-Aube, dépendant de ce comté, fussent réunis au domaine à compter du 4 septembre 1746, jour du décès de Henri-François de Bretagne, avec restitution des fruits qui auraient été perçus à partir de ce jour par tous autres que les fermiers du domaine.

Premier arrê préparatoire du conseil.

Après diverses observations contradictoires entre les parties, fut rendu, le 31 octobre 1752, un arrêt du conseil contenant ordonnance de *soit communiqué*, et désignation d'un maître des requêtes « pour, après » en avoir communiqué aux commissaires du bureau du » domaine, être, à son rapport à la grande direction, fait » droit ainsi qu'il appartiendra. »

C'est ainsi que le comté de Vertus se trouva compris dans l'instance entamée à l'occasion des domaines de Bretagne. Ici se place un incident particulier à ce comté; nous devons vous en rendre compte sur-le-champ.

Le 10 novembre 1750, le comté de Vertus avait été l'objet d'une saisie féodale, à la requête du procureur du roi en la chambre du domaine de Champagne, poursuite et diligence des receveurs et engagistes des domaines de la terre et comté de Vertus, pour foi et hommages non rendus, aveux et dénombremens non fournis, et droits non payés. Déjà une sentence par défaut avait été rendue par le bureau des finances de Châlons, et les fruits échus depuis la saisie féodale adjugés au roi. Le prince de Soubise présenta requête au conseil, tendant à ce qu'il fût sursis à toutes poursuites à cet égard, jusqu'à la décision de la contestation principale.

Cette requête ayant été communiquée au procureur du roi du bureau des finances de Champagne, il pensa que l'instance sur la réunion du comté de Vertus ayant été élevée depuis plusieurs siècles, et la maison de Bretagne, dans le cours de la jouissance provisoire qui lui avait été accordée, ayant acquitté les charges de cette jouissance, il y avait lieu d'obliger le prince de Soubise à procéder de même, d'autant plus que les hommages reçus et à recevoir ne pouvaient préjudicier aux intérêts du roi, parceque ces actes sont relatifs au titre de 1361, et qu'il est de style d'y réserver les droits de Sa Majesté.

L'inspecteur général du domaine en pensa autrement. Il exposa que, si, depuis les arrêts du parlement de 1533 et de 1567, et depuis l'arrêt du conseil de 1695, un certain nombre d'actes de foi et hommage avaient été reçus, ces actes se conciliaient avec le droit qui appartenait au roi sur ces terres, et qui alors avait été jugé n'être pas ouvert; mais qu'aujourd'hui, le cas éventuel qui devait opérer leur réunion à la couronne étant arrivé, savoir, l'extinction de la branche légitimée de Bretagne, le prince de Soubise n'avait aucun droit même à la jouissance provisoire; qu'ainsi on ne pouvait exiger de lui les actes et devoirs de vassal; et que, par les mêmes motifs, le prince de Soubise devait cesser immédiatement sa possession. Ces observations furent étendues aux terres de Bretagne; et l'inspecteur général conclut à ce qu'il fût ordonné qu'en attendant le jugement du fond, les fermiers du domaine fussent mis en possession du comté de Vertus et des terres de Bretagne.

Le 17 décembre 1754, arrêt du conseil d'État portant que « la demande provisoire de l'inspecteur général » du domaine sera communiquée au prince de Soubise » pour y répondre, et y être ensuite statué en la grande

Second ar[rêt] préparatoi[re] du consei[l]

» direction, conjointement ou séparément avec les contes- » tations sur le fond qui y sont pendantes, » et qu'il est « fait main-levée de la saisie féodale du comté de Vertus. »

L'instruction sur le fond se continua par de volumineux mémoires respectivement produits.

Les possesseurs des deux démembremens du comté de Vertus dont nous avons parlé furent mis en cause. L'un était le sieur Dumelz comte de Rosnay, président en la chambre des comptes, entre les mains de qui la terre de Rosnay était passée par suite de la vente sur décret forcé poursuivie sur Odel de Bretagne. L'autre était le duc de Penthièvre, qui se trouvait aux droits du comte de Toulouse son père, au profit de qui la Ferté-sur Aube avait été adjugée sur pareille poursuite, le 22 août 1704. L'un et l'autre prêtaient leur appui à la défense du prince de Soubise.

Le système de ce dernier consistait à soutenir que le comté de Vertus n'était pas domanial; qu'en tous cas, il n'y avait pas lieu à la réversion au profit de l'État; et enfin que le roi, du chef de Charles d'Orléans et d'Anne de Bretagne dont il possédait les biens, serait garant de l'éviction du comté de Vertus, par l'effet tant du partage du 25 juin 1445 entre Charles duc d'Orléans, et Marguerite d'Orléans comtesse d'Étampes, sa sœur, que de la donation du 29 septembre 1485 par François II, dernier duc de Bretagne, à son fils naturel. Il concluait à être maintenu dans la propriété, possession et jouissance des terres de Bretagne et du comté de Vertus.

Le 6 juillet 1779, arrêt du conseil ainsi conçu : Arrêt du 6 juillet

« Ouï le rapport du sieur Berthier, après en avoir com-
» muniqué aux sieurs de Sauvigny, Lescalopier, Boutin,
» La Michaudière et Taboureau, commissaires à ce députés,
» tout considéré : le Roi, en son conseil, faisant droit sur
» l'instance, sans s'arrêter aux oppositions du receveur gé-
» néral des domaines de Bretagne et du procureur du roi
» du baillage de Nantes, a débouté et déboute l'inspecteur
» général du domaine de la couronne de sa demande, en
» rapport des lettres-patentes des mois de mars et d'avril 1728,
» comme aussi de sa demande en réunion des terres d'Avau-
» gour, de Clisson, de Vertus, de la Ferté-sur-Aube et de
» Rosnay, a maintenu et gardé, maintient et garde le ma-
» réchal de Soubise, le duc de Penthièvre et le président
» de Rosnay dans la propriété, possession et jouissance des-
» dites terres, à titre de propriété incommutable; défend,
» Sa Majesté, à l'inspecteur général du domaine, aux régis-
» seurs de ses domaines, et à tous autres, de les troubler à
» l'avenir. »

Avant de suivre ce que nous avons nommé les *faits judiciaires*, dans la période de temps postérieure à la révolution, nous devons revenir un instant sur nos pas, et vous faire connaître quelques détails relatifs à la Ferté-sur-Aube; vous verrez plus tard qu'ils ne sont pas sans intérêt.

Le comte de Toulouse avait acquis, le 31 août 1700, le comté de Château-Villain et diverses autres seigneuries. En 1703, ces biens avaient été érigés en duché-pairie sous le titre de *duché de Château-Villain*. La terre de la Ferté-sur-Aube étant située dans le voisinage de Château-Villain, le comte de

Toulouse l'avait achetée en 1704, dans l'intention de la réunir à son duché. Mais ayant reconnu, peu après, que cette terre pouvait être domaniale, il obtint, en 1708, des lettres-patentes, par lesquelles le roi, confirmant l'arrêt du conseil du 22 mars 1695, maintenait le comte de Toulouse *en la propriété et jouissance* de la terre de la Ferté-sur-Aube, faisant défense de l'y troubler.

Premières lettres-patentes pour la Ferté-sur-Aube.

L'illustre d'Aguesseau, qui était alors procureur général, reconnaissant que ces lettres-patentes portaient atteinte à la question de domanialité et de réversion du comté de Vertus, refusa d'acquiescer à leur enregistrement : les lettres patentes furent retirées.

Deuxièmes lettres-patentes

En 1725, on renouvela auprès de M. Joly de Fleury, procureur général, la tentative qui avait échoué auprès de d'Aguesseau. Le résultat fut le même. Les lettres-patentes furent une seconde fois retirées.

Mais M. Joly de Fleury, voyant que le but du comte de Toulouse n'était que d'*unir* la Ferté-sur-Aube à son duché de Château-Villain (lequel était lui-même réversible à la couronne), indiqua un moyen d'y parvenir sans compromettre la question de domanialité et de réversion de Vertus. C'était que les lettres-patentes n'indiquassent que le seul but de l'*union*; qu'elles fussent rédigées avec soin dans ce sens ; et qu'en même temps, d'autres lettres-patentes, effectuant cette union, fussent disposées. Ce fut à cette condition seulement, et après de longues discussions, que

M. Joly de Fleury promit de consentir à l'enregistrement.

Cette marche fut suivie; et, en mars 1728, des lettres-patentes, conçues dans le sens indiqué, furent données au comte de Toulouse. Comme elles fixeront dans la suite plus d'un point, nous allons, Messieurs, vous en donner sur-le-champ connaissance en entier : Trois lettres-

« LOUIS, par la grâce de Dieu, ROI DE FRANCE ET DE » NAVARRE, à nos amés et féaux conseillers les gens tenant » notre cour de parlement à Paris; SALUT. Notre très-cher » et très-amé oncle, Louis-Alexandre de Bourbon, comte de » Toulouse, duc de Château-Villain, nous a représenté » qu'ayant acquis la terre de la Ferté-sur-Aube, membre » du comté de Vertus, suivant l'adjudication qui lui en a » été faite par décret du 22 août 1704, et *n'ayant fait cette* » *acquisition que dans l'intention de réunir cette terre au* » *duché de Château-Villain*, dont il est depuis long-temps » propriétaire, il auroit obtenu de nous des *lettres d'union* » *qui vous auroient été adressées;* mais craignant que vous » ne trouvassiez quelque difficulté à l'enregistrement de ces » lettres d'union, sous prétexte que *le comté de Vertus a* » *été possédé par les rois* nos prédécesseurs, *depuis le ma-* » *riage de Jeanne de Champagne avec Philippe-le-Bel*, jus- » qu'en l'année 1361 que cette terre a été donnée en dot » à Isabelle de France, il a cru devoir nous remontrer » qu'indépendamment des *moyens qu'il prétendoit avoir pour* » *soutenir que cette terre n'étoit point un véritable domaine* » *de la couronne, inaliénable et imprescriptible, et qu'il* » *n'étoit point par conséquent sujet à la réunion à la cou-* » *ronne*, nous ne pourrions d'ailleurs y rentrer qu'en aban- » donnant les biens qui ont été réunis à notre couronne,

» dans la personne de Louis XII, fils unique et héritier de » Charles, duc d'Orléans : qu'en effet, le comté de Vertus » ayant passé d'Isabelle de France, qui l'avoit eu en dot » lors de son mariage avec Galéas de Milan, à Valentine » de Milan, mariée à Louis d'Orléans, et dans l'acte en » forme de partage, tant des biens de Louis d'Orléans, » que de ceux de Valentine de Milan, entre Charles d'Or- » léans et Marguerite d'Orléans leurs enfans, le comté de » Vertus étant tombé à Marguerite, avec une clause de » garantie très-étendue, stipulée en sa faveur par Charles » d'Orléans; cette garantie, en cas que nous voulussions » évincer les ayant-cause de Marguerite d'Orléans du comté » de Vertus, retomberoit sur tous les biens de Charles » d'Orléans, qui ont été réunis à notre couronne, comme » recueillis par Louis XII, son fils et son héritier; que » comme ces biens étoient beaucoup plus considérables que » le comté de Vertus, il paroissoit que, quand la garantie » n'éteindroit pas l'action en réunion, *nous aurions plutôt* » *intérêt de conserver ces domaines, que de réunir le comté de* » *Vertus* à notre couronne; que *c'est par des motifs aussi puis-* » *sans que, par des arrêts que vous avez rendus, les années* » *1533 et 1567, en prononçant un appointement sur la demande* » *en réunion* à notre domaine du comté de Vertus, *formée* » *par notre procureur général,* vous avez *maintenu* les comtes » de Vertus *par provision, dans la possession de ce comté;* que » *c'est par le même motif* que, *par arrêt par nous rendu, le* » *22 mars 1695,* nous aurions aussi *maintenu* le sieur d'Avau- » gour en la *possession et jouissance* dudit comté, et no- » tamment de la terre de la Ferté-sur-Aube, sans s'arrêter » à la demande en réunion au domaine; et que ce sont » enfin les mêmes motifs qui l'obligent de recourir à notre » autorité, *pour se mettre en état de jouir de la grace que nous* » *lui avons faite, en lui accordant des lettres d'union de la* » *terre de la Ferté-sur-Aube, au duché de Château-Villain,*

» et de lever les obstacles qui pourroient se rencontrer à l'en- » registrement d'icelles, sur le prétexte de la *demande en* » *réunion appointée devant vous.*

» A ces causes, *voulant favorablement traiter notredit* » *oncle* le comte de Toulouse; de l'avis de notre conseil, » qui a vu l'acte du mois d'avril 1361, le partage du 25 » juin 1445, et l'adjudication par décret du 22 août 1704; » *de notre grâce spéciale,* pleine puissance et autorité royale, » nous avons, par ces présentes, dit, ordonné, disons et » et ordonnons, voulons et nous plait que, *lorsqu'il vous* » *apparoîtra de nos lettres d'union de la Ferté-sur-Aube, au* » *duché de Château-Villain,* vous ayez à procéder à l'enre- » gistrement d'icelles; *nonobstant la demande en réunion* » *appointée devant vous par les arrêts de 1533 et 1567,* et » *toutes autres choses à ce contraires; VOULANT ET EN-* » *TENDANT* qu'attendu le bien et *l'avantage évident de* » *notre couronne de faire cesser l'action en garantie* résul- » tant de l'acte du 25 juin 1445, ladite terre de la Ferté- » sur-Aube reste et appartienne à notredit oncle le comte » de Toulouse, à titre de propriété incommutable, par « forme de récompense des biens libres de la succession de » Charles d'Orléans, dont Louis XII notre prédécesseur a » hérité, et qu'il a réunis à notre couronne, lesquels il » pourroit nous demander ou partie d'iceux, s'il étoit par » nous évincé de ladite terre de la Ferté-sur-Aube, *membre* » *du comté de Vertus.* Si nous mandons que vous ayez à » enregistrer les présentes, et le contenu en icelles garder » et observer selon leur forme et teneur, et en faire jouir » l'impétrant; car tel est notre plaisir. Donné à Versailles, » au mois de mars 1728, *signé* LOUIS, *et plus bas:* par le » Roi, *Chauvelin.* »

Ces lettres-patentes furent enregistrées au parlement le 20 avril 1728. Au même instant, la marche

atriémes s-patentes

tracée se complétait. Le roi, par des lettres-patentes du même mois d'avril 1728, désunit et détacha la Ferté-sur-Aube du comté de Vertus pour l'unir au duché de Château-Villain. Ces lettres-patentes furent elles-mêmes enregistrées au parlement, le 11 mai 1728.

C'est de ces lettres-patentes de mars et d'avril 1728, que l'inspecteur général du domaine demandait, en tant que de besoin, le rapport, comme vous l'avez vu par le dispositif de l'arrêt de 1779.

Mais reprenons. De cet arrêt, qui est le dernier acte antérieur à la révolution, nous arrivons immédiatement à l'an 10 de la république.

Arrêté conseil préfecture la Seine.

Lorsqu'en messidor de cette année, la princesse de Rohan-Guémenée avait formé les réclamations dont nous avons déjà parlé, elle s'était adressée au conseil de préfecture de la Seine.

Et, en effet, elle prétendait que c'était à tort que l'administration des domaines avait pris, en vertu de la loi du 10 frimaire an 2, possession de Vertus, comme d'un *bien domanial;* elle soutenait qu'il était *bien patrimonial,* déclaré tel par l'arrêt du conseil du 6 juillet 1779; et elle demandait qu'il fût déclaré faire partie de la succession de Soubise. Cette prétention, constituant un débat sur la propriété, devait, aux termes de l'article 27 de la loi du 14 ventôse an 7, être soumise au préalable indiqué par cet article, c'est-à-dire qu'un mémoire devait être adressé à l'administration qui devait donner son avis avant le renvoi devant l'autorité judiciaire.

Le conseil de préfecture de la Seine répondit à ce mémoire par un arrêté du 13 décembre 1809, par lequel il déclara n'avoir pas d'avis à donner, sur le motif que tout avait été jugé par l'arrêt du conseil du 6 juillet 1779.

Le 12 mai 1811, cet arrêté fut annulé par un décret ainsi conçu : Décret.

« Vu la réclamation des dames de Rohan, filles et hé-» ritières de la dame de Rohan-Guémenée, celle-ci héritière » sous bénéfice d'inventaire du feu maréchal de Soubise, » tendant à ce que, en conséquence d'un arrêté du conseil » de préfecture du département de la Seine, du 13 dé-» cembre 1809, qui, sur leur demande en revendication » de propriété de la terre de Vertus, séquestrée en l'an 2 » comme bien domanial, s'est déclaré incompétent pour » statuer, sur le fondement qu'un arrêt du ci-devant con-» seil, du 6 juillet 1779, avait jugé définitivement, il soit » ordonné que l'administration du domaine abandonnera » toutes prétentions sur la domanialité de la terre de » Vertus, et que cette propriété fera partie des biens de » la succession Soubise, indivise avec l'État ;

» Vu l'arrêté du conseil de préfecture susdaté et ses » motifs, et les observations de notre conseiller d'état di-» recteur général de l'administration des domaines ;

» Notre conseil d'état entendu ;

» Nous avons décrétons et décrétons ce qui suit :

» Article 1.er L'arrêté du conseil de préfecture du 13 dé-» cembre 1809 est annulé.

» Article 2. La question de propriété qui peut être élevée » de la part des héritiers de la dame de Guémenée, sur la » domanialité ou patrimonialité du comté de Vertus, sera » portée devant le tribunal de première instance d'Épernay, » département de la Marne, après que les réclamantes se

» seront préalablement pourvues à la préfecture de la Marne, » conformément à la loi du 5 novembre 1790. »

Jugement d'Épernai.

Le tribunal d'Épernai rendit, le 4 février 1814, un jugement par lequel il reconnut la domanialité de Vertus, et accueillit néanmoins la réclamation des héritiers de la dame de Rohan-Guémenée, sur le fondement de la chose jugée en 1779.

Arrêt.

Ce jugement fut annulé pour vice de forme par arrêt de la cour, du 21 juillet 1814; et le tribunal de 1.re instance de la Seine fut désigné pour connaître de nouveau de la contestation.

Instance reprise.

Elle fut reprise par deux demandes en date des 19 mars et 7 août 1818, formées au nom de l'État par le préfet de la Marne, contre M. le duc de Bourbon et les dames de Rohan, et ayant pour objet la revendication de Vertus avec restitution de fruits.

De volumineux mémoires ont été respectivement signifiés.

L'affaire portée à l'audience, un incident s'est élevé relativement au droit de défense orale des adversaires du domaine. Jugement et arrêt sur ce point : nous croyons inutile de vous en entretenir, puisque c'est aujourd'hui du fond même du procès qu'il s'agit.

Oppositions.

Depuis l'adjudication de 1822 au profit du sieur Thuret (adjudication qui, comme vous l'avez vu, constitue le dernier état de transmission du domaine de Vertus), des oppositions ont été formées entre les mains de cet adjudicataire, à la requête du préfet, pour la conservation des droits de l'État.

Enfin, le 31 août 1824, a été rendu, par le tribunal de première instance de la Seine, le jugement que voici :

Jugement du tribunal de la Seine,

« Attendu que, suivant les principes de l'ancienne législation, les arrêts ou jugemens en dernier ressort, dans les » matières qui intéressaient le domaine du roi, ne pouvaient » être rétractés que par la voie de la requête civile, dans » les cas où il y avait ouverture à cette voie extraordinaire; » que cela résulte des dispositions des articles 34 et 36 de » l'ordonnance de 1667; qu'ainsi, les arrêts et jugemens » rendus en dernier ressort contre le domaine pouvaient » lui être opposés, comme ils pouvaient l'être aux particuliers, tant qu'ils n'avaient pas été rétractés par la voie de » la requête civile; que ces principes ont été formellement » reconnus et consacrés par l'article 13 de la loi du 1.er décembre 1790 ; qu'on ne saurait induire du silence des » lois des 10 frimaire an 2 et 14 ventôse an 7, que ces lois » auraient introduit en faveur du domaine une exception » aux principes du droit commun snr l'autorité de la chose » jugée, principes sur lesquels reposent l'ordre social et le » repos des familles; qu'une pareille exception n'aurait pu » être introduite que par une disposition expresse et formelle, disposition qui n'existe ni dans les lois anciennes, » ni dans les lois intermédiaires, ni dans le code civil, qui » forme l'état actuel de la législation ; qu'ainsi le domaine, » comme les particuliers, n'a jamais cessé, sur ce point, » d'être régi par les principes du droit commun;

» Attendu que les nullités de droit, pour cause d'incompétence et autres causes, n'étant pas admises contre les » arrêts et jugemens, ils conservent toute leur force tant » qu'ils n'ont pas été annulés, rétractés ou réformés dans » la forme par les autorités instituées par la loi ;

» Attendu enfin que les lois du 20 août 1790 et du 27 avril

» 1791, n'ont attribué aux tribunaux de première instance » que la connaissance des procès qui étaient pendans au » conseil du roi, et sur lesquels il n'avait pas été prononcé » définitivement, ou ceux sur lesquels il n'avait été rendu » que des arrêts de propre mouvement;

» Attendu, en fait, que l'arrêt du conseil du 6 juillet » 1779, rendu après une discussion contradictoire, a main- » tenu et gardé définitivement le prince de Soubise dans les » propriété, possession et jouissance du comté de Vertus; » que la demande du préfet de la Marne tend à remettre » en question ce qui a été jugé en dernier ressort par cet » arrêt; que cet arrêt a été rendu entre le domaine, re- » présenté aujourd'hui par le préfet de la Marne, et le » prince de Soubise, représenté par ses héritiers; que la » demande formée par le préfet est la même que celle sur » laquelle il a été statué par cet arrêt, et qu'elle est fondée » sur la même cause, c'est-à-dire l'union du comté de » Vertus au domaine, à l'époque du mariage d'Isabelle de » France avec Jean Galéas de Visconti :

« Par ces motifs, le tribunal déclare le préfet de la Marne » non recevable dans sa demande, et le condamne au coût » du jugement. »

Appel. Le préfet de la Marne, au nom de l'État, a interjeté appel de ce jugement. C'est cet appel qui vous est soumis.

Telle est, Messieurs, en abrégé, la longue suite de faits et d'actes qui composent cet interminable procès. Plusieurs de ces faits, de ces actes, deviendront l'objet d'un examen plus approfondi dans le cours de la discussion; mais il importait d'abord de les réunir dans un même cadre.

Vous avez entendu la lecture des mémoires du préfet. Vous avez entendu les plaidoiries des deux avocats de M. le duc de Bourbon et des dames de Rohan. Enfin vous avez pris connaissance du mémoire imprimé et de la consultation qui vous ont été distribués dans l'intérêt de ces derniers. Il nous reste à reprendre et analyser le tout : nous arriverons ensuite à notre avis personnel.

En effet, Messieurs, si, par exception aux principes de notre droit nouveau, le ministère public a conservé, dans ces sortes d'affaires, qualité pour prendre lui-même, s'il le jugeait nécessaire, des conclusions dans l'intérêt de l'État, nous n'avons pas besoin de dire que ses fonctions sont toujours celle du magistrat. Les lois de la matière prennent le soin de le déclarer : elles ne le diraient pas, que ce serait toujours un droit comme un devoir inhérent aux fonctions que nous exerçons, de ne parler devant vous que dans l'esprit et l'impartialité du juge.

Pour rendre plus claire l'analyse que nous avons à vous soumettre, nous la diviserons suivant l'ordre dans lequel se présente la discussion. Nous suivrons d'abord les parties dans leurs moyens respectifs sur la fin de non-recevoir. Nous en ferons ensuite autant à l'égard du fond.

DEUXIÈME PARTIE.

EXPOSÉ DES MOYENS RESPECTIFS DES PARTIES.

(Audience du mardi 5 décembre 1826.)

N. B. Cette partie n'a pas été recueillie.

TROISIÈME PARTIE.

FIN DE NON-RECEVOIR.

(Audience du mardi 12 décembre 1826.)

MESSIEURS,

Nous voici parvenu à la partie la plus difficile de notre tâche. Il faut que nous vous transmettions les résultats d'un long travail, qui a fait naître en nous une opinion bien arrêtée sur les difficultés qui vous sont soumises; mais en même temps il faut que nous évitions de nous perdre dans de trop longs détails, au milieu des documens si nombreux qui ont déterminé notre conviction. Nous allons essayer d'y parvenir.

Nous vous entretiendrons, d'abord, de la *fin de non-recevoir* (qu'on tire, vous le savez, de la *chose jugée*).

§ I.er IL N'Y A PAS CHOSE JUG par les arr du parlem du 12 mai 1 et du 23 août 1

Cette exception résulte-t-elle des arrêts du parlement du 12 mai 1533 et du 23 août 1567! Non, bien évidemment; car nous avons vu que le premier ne prononça qu'un *appointement en droit* sur le fond, et ne fit qu'accorder une continuation provisoire de jouissance, en prononçant la main-levée provisoire de la saisie faite à la requête du procureur général. Quant au second, il ne fit que renouveler les dispositions du premier et maintenir la jouissance provisoire pendant le procès.

Ainsi, le parlement n'a pas jugé cette question de propriété dont on a tant parlé dans l'intérêt des héritiers de Soubise. Nous n'avons pas besoin d'en dire davantage sur ces arrêts : aucune fin de non-recevoir à en tirer.

On n'a effectivement pas contesté cette vérité en elle-même, dans les plaidoiries, ni dans les mémoires; mais on a cherché (et particulièrement dans la consultation), à présenter l'arrêt de 1533 comme étant *devenu définitif* par l'effet de lettres patentes du 16 janvier 1543, dans lesquelles, dit-on (consultation page 6), « le roi déclara qu'il exceptait le comté de » Vertus de la réunion qui, en septembre 1542, avait été » ordonnée à son domaine de toutes les terres du domaine » précédemment aliénées, et fit main-levée de toute saisie » qui pouvait en avoir été faite; ce qui (ajoute-t-on) » *rendoit l'arrêt de 1533 définitif.*

Ni par les lettres-patentes du 16 janvier 1543.

Il y a là, Messieurs, erreur de fait et erreur de droit.

En fait, ce n'est pas du tout de la saisie exécutée à la requête du procureur géneral et *appointée au fond* devant le parlement, que le roi donne main-levée par les lettres-patentes de 1543; c'est d'une saisie nouvelle et toute différente qui venait d'être pratiquée par les officiers du bailliage de Vitry et de Chaumont, par suite des lettres de réunion générale de septembre 1542.

En fait encore, il est entièrement inexact de dire que le roi ait voulu rendre définitif l'arrêt de 1533; car voici le texte de ces lettres-patentes qu'on a invoquées sans les citer, et qu'il faut cependant vous faire connaître....« Accordons main-levée dudit comté de Vertus » et terres en dépendantes, *pour en jouir ainsi qu'il est con-* » *tenu audit arrêt du parlement* (de 1553), et exceptons » ces terres de l'exécution des lettres de réunion du mois de » septembre dernier ».

Ces expressions: *pour en jouir ainsi qu'il est contenu audit arrêt du parlement,* répondent assez. Il s'en faut bien que le roi ait voulu rendre définitif ce que le parlement n'avait fait que provisoire; tout au contraire, il maintient expressément l'état de choses établi par l'arrêt de 1533.

Mais, en droit, il est manifeste que des lettres patentes du roi ne pouvaient rien changer au litige appointé devant le parlement. Aussi voyons-nous que ces lettres ne sont elles-mêmes qu'un ordre d'exécuter l'arrêt. On avait saisi en vertu de l'ordonnance de septembre 1542; mais avant cette ordonnance il y avait procès, procès lié et appointé sur une précédente ssisie: Vertus devait évidemment rester dans la situation judiciaire fixée par l'arrêt de 1533; il se trouvait en dehors de l'application de l'ordonnance nouvelle. Voilà ce que déclarent les lettres-patentes du 16 janvier 1543; elles ne font pas autre chose.

Et l'on est d'autant moins fondé dans l'interprétation qu'on a cherché à donner à ces lettres-patentes, que l'arrêt de 1567 la dément lui-même. Cet arrêt intervient plus de vingt ans après les lettres-patentes dont il s'agit : que fait-il ? Il n'accorde lui-même qu'une *jouissance provisoire*. Comment a-t-on donc pu dire que l'arrêt de 1533 était devenu définitif?

C'en est trop, Messieurs, sur ce point. Passons à l'arrêt du conseil du 22 mars 1695.

§ II. IL N'Y A PAS EU CHOSE JUGÉE par l'arrêt du conseil du 22 mars 1695.

L'exception de la chose jugée peut-elle résulter de cet arrêt ? Ici, le texte répond à lui seul.

Nous avons lu l'arrêt lui-même; vous vous rappelez qu'il n'est relatif qu'à la *possession* et à la *jouissance* : il n'a donc pas jugé cette question de propriété que l'on prétend avoir été décidée par l'arrêt de 1779.

Il y a plus; et s'il était vrai, comme on l'allègue pour les héritiers de Soubise, qu'en 1695, le conseil a statué sur les prétentions relatives à la propriété, il faudrait dire qu'il les a rejetées ; et voici comment.

Après de premières conclusions en réponse à la demande en réunion formée par le fermier Bordet, Claude de Bretagne avait pris, le 28 août 1692, de nouvelles conclusions ainsi conçues : « Qu'il lui fût » donné acte de ce qu'il se rendait en tant que besoin in- » cidemment demandeur à ce qu'*en conséquence des garan-* » *ties formelles* desquelles sa majesté étoit tenue en vertu » des titres expliqués dans l'instance » (déjà, remarquons-le en passant, l'unique question de la garantie) « et

» nonobstant toutes les prétentions de ses fermiers et contrô-
» leur général du domaine, il leur fût imposé silence et fait
» défense de le troubler dans la *possession*, *jouissance et*
» *DROIT DE PROPRIÉTÉ INCOMMUTABLE* du *comté*
» *de Vertus*, terres et seigneuries de Moymer, la Ferté-
» sur-Aube et autres dépendances dudit comté de Vertus,
» suivant que lui et ses auteurs en avoient joui *en qualité*
» *de propriétaires* et possesseurs depuis plus de deux siècles,
» et, auparavant eux, François II duc de Bretagne, Mar-
» guerite d'Orléans, Valentine de Milan et Isabelle de
» France, depuis 1361 jusqu'à présent, et que les deman-
» deurs fussent condamnés en des dommages-intérêts et en
» tous les dépens ».

Voilà bien, dès-lors, les prétentions au droit de propriété incommutable. Or, qu'a fait l'arrêt du conseil? Vous avez vu qu'après avoir prononcé une maintenue en *possession* et *jouissance*, il répond aux *autres fins et conclusions* par un *hors de cour*. Vous avez même remarqué qu'il *compense les dépens*; ce qui semble indiquer que l'une et l'autre des parties succombaient sur un point.

Ainsi, loin que l'arrêt du conseil du 22 mars 1695 vienne à l'appui de la fin de non-recevoir invoquée, on pourrait dire qu'il forme lui-même une fin de non-recevoir contre toute prétention ultérieure à un droit de propriété. Loin de nous toutefois de tirer cette conséquence; car nous allons démontrer qu'en 1695 comme en 1779, le véritable litige n'était pas la question de propriété, mais bien *la demande en réunion* fondée sur *l'échance de la réversion*. Mais n'anticipons pas; il nous suffit d'avoir établi qu'il ne résulte aucune fin de non recevoir de l'arrêt du conseil de 1695.

Passons à celui du 6 juillet 1779.

§ III. N'Y A PAS EU CHOSE JUGÉE ... l'arrêt du conseil du ... juillet 1779.

C'est ici, Messieurs, qu'il faut avant tout éclaircir un point sur lequel il nous semble qu'on est tombé, de part et d'autre, dans une grave confusion d'idées.

Quel est le procès actuel? Est-il bien le même que celui qui fut soumis, en 1779, au conseil d'etat! Non, Messieurs, nous n'hésitons pas à le dire dès ce moment.

Procès d'alors.

En 1779, l'inspecteur général du domaine demandait la réunion du comté de Vertus, par suite de l'accomplissement de l'événement prévu en la clause de retour portée aux lettres d'avril 1361 : *l'échéance de la réversion*, telle était la base de l'action.

Il soutenait d'abord que les dispositions faites par François II, dernier duc de Bretagne, au profit de son fils naturel, n'avaient pu nuire au droit de la couronne; qu'Anne de Bretagne, restée seule héritière légitime de ce duc, avait virtuellement conservé et transmis à ses héritiers son droit sur le comté de Vertus; qu'ainsi l'incorporation de ce comté à la couronne s'était définitivement accomplie, lorque Henri II, fils d'Anne de Bretagne, était parvenu au trône en 1547.

Il soutenait, en second lieu, qu'en supposant que que l'on dût, ou plutôt que l'on voulût bien comprendre la descendance légitimée du duc de Bretagne dans la descendance d'Isabelle de France, l'événement du retour était encore accompli, puisque la descendance mâle de la branche légitimée de Bretagne était elle-même éteinte.

C'est, Messieurs, ce que répètent sans cesse les mémoires produits par l'inspecteur général, dans l'instance de 1779; et comme il importe de fixer ce point, voici les expressions que nous lisons dans le résumé qui termine l'énorme et dernier mémoire produit par l'inspecteur général (M. Fréteau) : « La faculté de rentrer sans bourse délier (dans le comté de Vertus) a été » stipulée nommément en limitant le don à la descendance » en ligne directe et légitime d'Isabelle de France.

» Ce qui embrassoit deux voies d'en opérer *LA RÉVERSIBILITÉ, ET LA RÉUNION* à la couronne; l'une » résultant de l'*extinction totale de la descendance d'Isabelle*, » l'autre résultant dù *cas auquel son héritier principal deviendroit roi; CE QUI EST ARRIVÉ* en 1547, par l'a» vénement de Henri II à la couronne. »

Plus loin : « L'extinction de la branche légitimée de » Bretagne, arrivée en 1746, a fait *cesser entièrement* les » motifs qui avoient *tenu jusque-là cette réunion en suspens* ».

Voici maintenant les conclusions de l'inspecteur telles qu'elles sont rapportées dans les *visa* mêmes de l'arrêt de 1779 : « Ordonner que ledit comté de Vertus » et lesdites terres de Moymer, de Rosnay et de la Ferté- » sur-Aube, situées en Champagne, *SERONT ET DEMEURERONT RÉUNIS AU DOMAINE DE LA COURONNE* » *à compter du 2 septembre 1746, jour du décès de Henri-* » *François de Bretagne*, comte de Vertus et baron d'Avau- » gour, *DERNIER DESCENDANT MÂLE DE FRANÇOIS*

» *DE BRETAGNE*, fils naturel du duc de Bretagne, » François II; comme aussi ordonner que ceux qui ont » joui desdits domaines, terres et seigneuries, autres que » les fermiers du domaine de Sa Majesté, depuis ledit » jour 2 septembre 1746, seront tenus d'en *rapporter et* » *restituer les fruits* à Sa Majesté, *à compter dudit jour;* et » en outre, *attendu que LE CAS ÉVENTUEL QUI DEVOIT* » *OPÉRER LA RÉUNION desdites terres et seigneuries au* » *domaine de Sa Majesté, aux termes desdites donations,* » et en conséquence de la qualité domaniale inhérente » auxdites terres, *EST ARRIVÉ par ledit décès d'Henri-* » *François de Bretagne,* et que la provision est due au » titres originaux, &c... » Ce qui suit concerne la provision.

Voilà donc un point bien constant : la demande portée devant le conseil en 1779 était une demande en *réunion* fondée sur l'*échéance de la réversion*. On faisait résulter cette *échéance* d'un *fait*, l'extinction de la descendance masculine de la branche légitimée de Bretagne.

Procès aujourd'hui.

Quelle est l'action qu'exerce aujourd'hui le domaine? Voici ses conclusions : « Déclarer les terres, forêts et » dépendances de la terre de Vertus *comprises dans les DIS-* » *POSITIONS RÉVOCATOIRES de la loi du 14 ventôse an 7;* » ordonner qu'il sera procédé contre les héritiers de M. le » maréchal prince de Soubise *conformément aux articles 22* » *et 23 et suivans de la même loi;* autoriser, en tant que » de besoin, le préfet de la Marne à faire reprendre posses- » sion desdits biens par le domaine, en quelques mains » qu'ils aient passé et quel qu'en soit le détenteur ac- » tuel, &c. »

Est-ce là, Messieurs, une action *en réunion* fondée

sur l'*événement de la réversion?* Non ; c'est une action toute particulière, née de la loi du 14 ventôse an 7.

Cette loi a *révoqué* purement et simplement, sans indemnité, sans condition, et dès le moment même, toutes les aliénations du domaine de l'État contenant clause de retour, faites à quelque titre que ce soit, à quelques époques qu'elles pussent remonter. Elle a été plus loin : elle a révoqué, même en l'absence de toute clause de retour, les aliénations postérieures à l'édit de février 1566.

Ainsi, pour toute aliénation du domaine antérieure à 1566, il ne s'est plus agi de savoir si l'événement auquel le retour avait été subordonné dans l'acte d'aliénation était arrivé ; il n'y a plus eu qu'une seule chose, en quelque sorte matérielle, à vérifier : l'acte porte-t-il une clause de retour?

L'action exercée par le domaine est donc une action en REVENDICATION fondée sur la RÉVOCATION DE LA CONCESSION. Non seulement elle est différente de l'ancienne action en RÉUNION ; elle lui est même opposée. L'ancienne action prenait sa source *dans le titre ;* elle en était l'*exécution ;* l'action actuelle prend sa source *dans la loi* qui *annule le titre.* L'ancienne action résultait d'un *fait ;* celle-ci résulte de *la loi.*

Cette première observation suffirait, ce semble, pour trancher la difficulté sur l'arrêt du conseil de 1779.

Les premiers juges disent qu'il n'y a pas de nullités

de droit des arrêts et jugemens; qu'il faudrait, avant tout, qu'on eût fait tomber l'arrêt du conseil de 1779 au moyen de la requête civile. Inutile d'examiner le principe ; nous l'admettons. Mais, pour parvenir jusqu'à la fin de non-recevoir, il a fallu que les premiers juges déclarassent que la demande formée devant eux était *la même* que celle qui était portée au conseil en 1779. Or, Messieurs, c'est là précisément qu'est l'erreur. Nous le répétons, l'action de 1779 partait d'une base tout opposée à l'action qui vous est soumise. Celle-ci tient à un ordre de choses particulier et tout nouveau. Comment conclure de l'une à l'autre ?

Le jugement de première instance semble donc s'écrouler tout entier par cette seule réflexion, car il ne se fonde que sur l'arrêt du conseil de 1779.

Il faut toutefois que nous entrions plus avant ; car, s'il est vrai que ce fût une *action en réversion* qui était exercée devant le conseil par l'inspecteur général, il est vrai aussi qu'à cette action le prince de Soubise opposait une sorte d'exception tirée du droit de *propriété* qu'il prétendait avoir. L'arrêt de 1779 a-t-il jugé cette question de propriété ? a-t-il pu la juger ? C'est là ce qu'il faut approfondir : car si le domaine de Vertus a été déclaré *propriété privée*, et l'a été légalement, il n'y a plus lieu à l'action fondée sur la loi du 14 ventôse, qui ne s'applique qu'aux *propriétés domaniales*.

Commençons par le fait.

Et d'abord, ne pourrait-on pas dire que quel que fût le genre de défense du prince de Soubise devant le conseil, cette défense n'a pu changer la nature de la demande formée par l'inspecteur général, demande qui constituait le seul litige sur lequel il y eût à prononcer? Le litige, c'était la *réunion par l'échéance de la réversion ;* ce qui a été jugé, c'est donc qu'il n'y avait pas lieu à cette *réunion.*

1. En f[...] l'arrê[...] du con[...] de 17[...] n'a pas [...] la quest[...] de prop[...]

Quoi qu'il en soit, rien n'autorise à prétendre qu'il a été jugé que le prince de Soubise était *propriétaire,* si la demande en réunion a pu être repoussée par des motifs autres que celui tiré du droit de *propriété :* or c'est précisément le cas. On a pu penser que l'effet de la concession de 1361 devait s'étendre même aux collatéraux du dernier baron d'Avaugour ; qu'ainsi, il n'y avait pas encore ouverture à la réversion. On a pu penser que, bien qu'il y eût domanialité et même ouverture à la réversion, néanmoins (dans l'état de la législation d'alors) la garantie réclamée détruisait l'intérêt de l'État à exercer son droit.

Et ce ne sont pas là, Messieurs, de vaines suppositions ; car tous ces moyens étaient employés par le prince de Soubise : ses propres requêtes en font foi. Voici notamment ce qu'on y lit sur ce premier point : « Le second titre de réversion invoqué par l'inspecteur du » domaine n'est pas plus solide. L'inspecteur général pré- » tend le trouver dans la donation même du comté de » Vertus, faite en 1485, par François II, au baron d'Avau- » gour. Pour établir cette prétention, il suppose que la do- » nation est limitée à la descendance masculine du dona-

» taire. Il induit cette limitation du motif des lettres de » don, qui a pour objet l'*entretenement de l'état du baron » d'Avaugour*.. Or, dit-il, ce motif ne peut s'appliquer » qu'à la descendance masculine destinée à porter le nom » de Bretagne. C'est dans ce point de vue, ajoute-t-il, » que François II ne s'est servi que des mots d'*héritiers* » et de *successeurs*, et paroît s'être abstenu de toute ex- » pression qui auroit eu trait à la vocation des filles. Il » étoit réservé au zèle de l'inspecteur du domaine d'ima- » giner de pareilles ressources. Tout son raisonnement » n'est qu'erreur dans le droit et dans le fait. Quoi! parce » que François II a fait à son fils naturel une donation » pour l'aider à vivre d'une manière honorable, on en » conclura premièrement une substitution; secondement » une substitution bornée aux mâles; troisièmement une » réversion à l'extinction de la branche masculine, &c. » (Suivent divers raisonnemens tendant à établir qu'il n'y a pas lieu d'exclure le prince de Soubise, quoiqu'il ne vienne qu'à la représentation d'une fille de la maison d'Avaugour.)

Sur le second point, longs développemens dans une autre requête qui se termine par ces conclusions: « En ce qui touche le comté de Vertus, *attendu les ga- » ranties résultant des lettres de 1361, du partage de 1445* et » *de la donation de 1485*, autres fins de non-recevoir et » moyens employés dans la présente requête, déclarer &c. »

Et ne vous rappelez-vous pas aussi, Messieurs, les expressions remarquables des lettres-patentes de 1748 qui déclarent positivement que ce fut uniquement le motif de la garantie qui dicta les arrêts provisoires du parlement de 1533 et de 1567, et l'arrêt du conseil de 1695! Si ce n'était pas assez, les requêtes du prince de Soubise nous ont conservé, à cet égard, une preuve de plus; c'est l'avis par lequel M. d'Argouges, rapporteur au conseil lors de l'arrêt de 1695, termina son rapport, puis l'annotation de sa main après l'arrêt. Les voici : « C'est pourquoi j'estime que, quoiqu'on pût » prétendre que la terre de Vertus eût été du domaine » de la couronne, lorsqu'elle a été donnée par le roi Jean » à Isabelle de France, sa fille, en 1361, cette garantie » doit faire cesser la demande en réunion qu'intente au- » jourd'hui le fermier du domaine contre M. d'Avaugour, » et celle du contrôleur général du domaine.

» Et mon avis est, qu'*ayant égard à la demande en ga-* » *rantie* du sieur d'Avaugour contre le roi, il soit déchargé » de la demande en réunion du comté de Vertus au do- » maine, intentée contre lui par le fermier des domaines » de Champagne et par le contrôleur général du do- » maine.

» *Jugé* le 22 mars 1695, à la grande direction, *suivant* » *l'avis proposé.* »

Ainsi, Messieurs, deux hypothèses : la décision de 1779 a-t-elle été fondée sur ce que le prince de Soubise, descendant par une femme de la maison d'Avaugour, n'était pas exclu du bénéfice de la concession de 1361 (qui, vous le savez, ne disposait ni par ordre de primogéniture, ni par privilège de masculinité)? ou bien la *garantie* a-t-elle été le motif de cette décision?

Dans le premier cas, l'on a jugé que *la réversion n'était pas échue;* et bien évidemment il n'en résulte rien contre l'action actuelle. Cette *échéance* qui n'était pas arrivée, la loi du 14 ventôse l'a créée; elle a révoqué *hìc et nunc* toutes les aliénations du domaine, par le seul fait de l'existence d'une clause de retour.

Redisons-le, en 1779, la réversion n'était pas échue *par le fait :* en l'an 7, elle l'a été *par la loi.* Le procès d'aujourd'hui est un procès tout nouveau. Et, pour preuve, supposons non pas un arrêt du conseil, mais un arrêt bien contradictoire et bien compétent du parlement; supposons, non pas un collatéral de la branche légitimée de Bretagne, mais un descendant direct et bien légitime d'Isabelle de France. En 1779, on avait cru pouvoir lui contester cette qualité, et l'on avait soutenu la *réversion :* il avait triomphé. Mais, aujourd'hui, le domaine intente contre lui l'action *révocatoire* de la loi de ventôse an 7 : l'arrêt du parlement qui le maintient dans ses droits résultant des lettres d'avril 1361 formera-t-il fin de non-recevoir contre cette action? Non, bien évidemment : il faudra subir la loi du 14 ventôse an 7.

Dans le second cas (celui où la *garantie* a été le motif de la décision de 1779, et certes, cette hypothèse a pour elle plus que les vraisemblances, puisque nous savons si bien que la garantie seule a déterminé les arrêts du parlement et l'arrêt du conseil de 1695), dans ce cas, qu'a-t-on jugé? La propriété! non, certes; car l'exception de garantie présuppose au contraire l'éviction. On n'a fait qu'une chose; on a reconnu qu'une fin de non-recevoir s'élevait contre l'action de l'État telle qu'elle était exercée alors. Mais aujourd'hui, répétons-le, ce n'est plus la même action, et la loi elle-même a levé la fin de non-recevoir. Et, en effet, il s'agissait en 1779 d'une demande en *réunion* fondée sur un *fait*, sur un *titre*. A ce titre, à ce fait, on opposait un autre titre, un autre fait : l'inspecteur général soutenait que le cas de réversion prévu par les lettres d'avril 1361 *était arrivé ;* on lui répondait qu'aux termes du partage de 1445, le roi devait la *garantie* de l'action même qu'on exerçait dans son intérêt. Cela était bon pour écarter une action résultant d'un *fait ;* mais cette exception eût tombé devant une action résultant *de la loi :* il n'y a pas de fin de non-recevoir contre une loi.

Vous voyez, Messieurs, que, sous tous ces rapports, il n'est pas possible de dire, même en fait, que l'arrêt du conseil de 1779 ait jugé la *propriété* du prince de Soubise.

On s'empare, toutefois, du mot de *propriété*, et même de *propriété incommutable*, qui se trouve dans cet arrêt. En raisonnant ainsi, l'on oublie que cet arrêt, en *maintenant* le prince de Soubise dans la *propriété*, possession et jouissance, déclare en même temps qu'il statue, comme de fait il statue, uniquement sur LA DEMANDE EN RÉUNION POUR CAUSE DE RÉVERSION. Là était le litige, là est donc le jugement.

Mais, quelle est la disposition elle-même de l'arrêt ? Une *maintenue*. Une *maintenue* se réfère à un état précédent : or quel est cet état précédent ? *L'état de fait !* ce n'était que celui de jouissances provisoires. *L'état de droit !* ce ne peut être que celui résultant des actes. Or que disent ces actes ? Encore une fois, l'arrêt de 1779 n'avait à les apprécier que dans leurs rapports avec la demande *en réversion*; et cette demande pouvait être et a été réellement écartée par des motifs tout autres que celui de la propriété. Ainsi, nulle conséquence à tirer de l'arrêt de 1779.

Nous avons dit que les deux instances sont essentiellement différentes; et n'en avons-nous pas ici une preuve bien frappante qui émane du fait même des héritiers de Soubise ? Cette question de garantie, si grave dans les anciens procès, et qui les a seule résolus, elle n'est pas dans le procès actuel : les héritiers de Soubise ne l'ont point élevée. Et il leur eût été difficile, en effet, de tirer du partage de 1445 une garantie *contre une loi*, une garantie contre une loi *postérieure*.

Concluons que l'arrêt du conseil de 1779 n'a pas jugé la question de propriété.

II. En droit, l'arrêt du conseil de 1779 n'a pas pu juger la question de propriété.

Aurait-il pu la juger ? Nous n'avons pas besoin de dire qu'en 1779, comme aujourd'hui, la question de propriété était en même temps une question de domanaliaté; en sorte que l'objet de notre examen revient à ceci : le conseil d'état (ou le roi en son conseil) pouvait-il prononcer sur une question de domanialité ?

Ici, Messieurs, le cercle s'agrandit. Dans un procès de cette importance, il faut que nous pénétrions jusqu'aux derniers termes de la discussion : nous établirons donc six propositions :

1.° Les parlemens étaient les seuls juges du domaine;

2.° Le conseil du roi n'avait pas la juridiction contentieuse, en général;

3.° Le conseil du roi était spécialement incompétent pour connaître des questions de propriété concernant le domaine;

4.° En fait, le procès au fond est toujours resté pendant au parlement de Paris, et n'a jamais été évoqué au conseil;

5.° En droit, l'évocation n'était pas possible;

6.° Enfin, l'exception de la *chose jugée* n'était pas admise contre le domaine et ne peut être invoquée ici.

I.re PROPOSI[TION.] — Les par[lemens] seuls j[uges] du dom[aine.]

La juridiction en matière domaniale a subi des variations; mais elle a toujours eu pour base immuable l'attribution aux parlemens. C'est ce que répètent à l'envi tous les auteurs. Voici les expressions de d'Aguesseau, dans sa troisième requête (1): « *Première* » *proposition*. Le parlement est juge naturel de tout ce qui » regarde le fonds du domaine du roi, non-seulement par » le droit commun, mais par une attribution spéciale et » singulière. . . . .

» La première proposition est incontestable, et il n'y a » point de prérogative ni plus certaine ni plus honorable » au parlement que d'être, entre tous les tribunaux ordi» naires, le seul dépositaire des droits de la couronne, et

(1) D'Aguesseau, *troisième Requête*, tome VI, page 398.

» l'unique arbitre de toutes les contestations qui intéressent » le domaine.

» C'est pour cela que depuis que nos rois ont commencé » de faire des lois pour la conservation de la jurisdiction » des seigneurs hauts-justiciers ou des siéges royaux inférieurs, en faisant des défenses générales de traduire les » sujets du roi au parlement, pour y procéder en première » instance, ils en ont tous excepté les causes qui regar» doient les droits du roi.

» C'est ainsi que s'en explique le roi Philippe-le-Bel, » dans son ordonnance de l'an 1302, article 25 : *Nec eorum » causæ nisi in casu ressorti, in nostris curiis audiantur, vel » in casu alio ad nos (hoc est ad jus nostrum regium) per» tinenti.*

» Le roi Jean, dans son ordonnance de l'an 1363, fai» sant l'énumération des causes qui peuvent être introduites » directement en la cour, y marque expressément celles » qui concernent le domaine de la couronne: *Similiter causæ » proprietatis nostri patrimonii.*

» Charles VII s'explique avec plus d'étendue, mais tou» jours dans le même esprit lorsque dans l'article 5 de son » ordonnance de l'année 1453, il met au nombre des causes » et procès qui, de leur nature et droit, doivent être intro» duits et traités au parlement, *les causes de notre domaine, » et de nos droits et de nos régales, et les causes auxquelles » notre procureur sera principale partie.*

» Enfin, pour ne point multiplier inutilement les preuves » d'une vérité si constante, telle est encore l'idée que » Louis XI donne de l'autorité du parlement dans ses » lettres-patentes du 11 mai 1478, touchant la confiscation » des biens du dernier duc de Bourgogne. Il ordonne, par » ces lettres, que tous les différens qui regarderont cette » confiscation soient jugés en sa cour de parlement à Paris, » *qui est,* dit ce prince, *la cour de justice souveraine de*

» *notre royaume, où ressortissent et se doivent juger et terminer les matières touchant les grands droits appartenant à notre couronne.*

» La jurisdiction du parlement en cette matière n'est pas seulement fondée sur l'éminence et la dignité de ce tribunal, mais sur les maximes fondamentales des fiefs, qui veulent que tous les différends qui regardent tant le domaine du seigneur que celui de ses vassaux ou de ses pairs soient jugés dans sa cour; en sorte qu'entre les autres titres qu'on peut donner au parlement on peut l'appeler justement la cour féodale du roi et du royaume, où se traitent toutes les causes qui intéressent le grand fief, le fief souverain de la couronne et celle des seigneurs qui ont l'honneur de tenir leurs fiefs ou pairies de ce fief vraiment dominant, qui ne relève de personne et dont tous les autres fiefs relèvent.

» Ainsi, toutes les ordonnances qui établissent le droit que les pairs ont de ne reconnoître aucun autre juge de leurs pairies que la cour surnommée par excellence *la cour des pairs*, confirment à plus forte raison le privilège inviolable du domaine de la couronne, puisqu'il seroit absurde que les vassaux eussent un droit que leur chef, leur seigneur et leur maître n'eût pas aussi éminemment et aussi inviolablement qu'eux. »

Vous voyez, Messieurs, que l'attribution des causes domaniales au parlement tenait à la constitution même de la monarchie. Vous avez pu remarquer aussi que, d'après les ordonnances citées par d'Aguesseau, le parlement connaissait de ces causes directement et sans premier degré.

Il en a effectivement été ainsi pendant très-longtemps après l'établissement du parlement. Il y a plus, et par une conséquence des principes que d'Aguesseau exposait tout à l'heure, ces affaires ne se jugeaient qu'à la grand'chambre elle-même. Quelquefois leur multiplicité forçait à en renvoyer quelques-unes aux enquêtes; mais alors les chambres des enquêtes s'assemblaient avec quelques conseillers députés par la grand'chambre, qui présidaient, ce qui fut l'origine des présidens des enquêtes.

Juridiction au premier degré.

Cependant, le temps amena l'établissement d'un tribunal pour connaître des procès du domaine en première instance : il se nommait *chambre du trésor*, et était une dérivation des bureaux des finances tenus par les trésoriers (ou trésoriers généraux) de France.

Par l'édit de Crémieu de l'année 1536, François I.er admit les baillis et sénéchaux à connaître, concurremment avec la chambre du trésor, des causes du domaine. L'appel au parlement de toutes les décisions de la chambre du trésor et des baillis et sénéchaux resta de droit.

En 1540, François I.er créa au parlement une nouvelle chambre des enquêtes, qui fut appelée *chambre du domaine*, et à laquelle il attribua la connaissance par appel des procès par écrit concernant le domaine. Le même édit attribua à la grand' chambre du parlement de Paris la connaissance des appellations verbales des causes du domaine dans tout le royaume. Cette attribution générale, combattue par les autres parlemens, n'eut pas d'effet (ce qui prouve d'autant mieux l'importance que les parlemens attachaient à cette juridiction).

Diverses modifications, inutiles à parcourir, survinrent quant au premier degré de juridiction : la compétence souveraine des parlemens resta inébranlable.

En 1627, les baillis et sénéchaux, qui s'étaient assez mal acquittés de la juridiction qui leur avait été confiée, en furent définitivement dépouillés. Ils furent remplacés par les trésoriers de France. Voici les expressions mêmes de l'édit d'avril 1627 (1), qui est resté la base de la juridiction domaniale antérieure à la révolution : « Voulons à cet effet que chacun desdits » bureaux (des présidens et trésoriers généraux de France), » au dedans des fins et limites de leurs généralités, jugent, » connoissent et décident en première instance, et privativement à nos baillis et sénéchaux, prévôts, leurs lieutenans et autres juges, de tous procès et différens qui se » pourront mouvoir et intenter pour raison de notredit » domaine, cens, surcens, rentes er autres droits, circonstances et dépendances d'icelui.....; ensemble de » toutes entreprises et usurpations qui ont été faites et « se feront sur notre dit domaine, &c. »

Et quant à l'appel, voici la disposition : « Lesquelles » oppositions et appellations des nosdits présidents et trésoriers généraux de France, nous voulons être relevées » nuement et immédiatement *par devant nos cours de parlement* au ressort desquelles sont établies nosdites généralités. »

Le même édit crée un avocat et un procureur

---

(1) Archives du royaume, *section domaniale*.

du roi en chacun de ces bureaux des présidens et trésoriers de France, qui portaient aussi le nom de *bureaux des finances.*

L'édit de 1627 ne s'étant pas exécuté dans la généralité de Paris, où les baillis et sénéchaux avaient continué à connaître des affaires contentieuses du domaine concurremment avec la chambre du trésor qui subsistait toujours, un édit de mars 1693 (1) supprima la chambre du trésor, et la réunit, en ces termes, au corps des trésoriers de France dont elle fortifia l'attribution : Voulons que toute la juridiction de » notre dite chambre soit et demeure unie et incorporée » au corps des trésoriers de France de notre généralité de » Paris, auxquels nous avons en outre attribué et attri» buons toute cour, juridiction et connoissance pour juger » en première instance toutes les affaires concernant notre » domaine et droits en dépendans, même ceux joints à la » ferme générale de nos domaines dans l'étendue de notre» dite généralité ; sauf l'appel de leurs jugemens *en notre » cour de parlement de Paris.* »

Cet édit crée deux charges de procureur du roi et deux charges d'avocat du roi, près le bureau des trésoriers de France qu'il établit à Paris.

Un édit de février 1704 régularisa, pour toute la France, l'institution des bureaux des trésoriers de France, et leur attribua la connaissance de nouveaux droits compris dans la ferme des domaines. Cet édit (2) porte que l'appel des sentences des bureaux des finances,

---

(1) Collection de la Bibliothèque du Roi.

(2) Archives du royaume, *section législative.*

sur ces nouveaux droits seulement, sera soumis au conseil pendant le temps qui reste à expirer *des baux courans;* mais il déclare qu'ensuite il sera porté au parlement, « ainsi que des autres matières concernant nos domaines. »

Le même édit portait que l'on ne pourrait interjeter appel des sentences interlocutoires et préparatoires rendues par les trésoriers de France, et que leurs jugemens seraient exécutés par provision, nonobstant appel. Cette atteinte portée aux règles ordinaires fut révoquée par déclaration du 5 août de la même année 1704.

Tels sont, Messieurs, les principaux monumens de l'ancienne législation relativement à la juridiction domaniale. Rien de plus précis que l'attribution aux parlemens.

Étend de la juri[c] des parle

Et si cette attribution se concentrait naturellement dans les questions de propriété et ce qui s'y rattachait, les parlemens n'étaient pas moins investis d'une sorte de supériorité sur tout ce qui tenait au domaine. Ainsi, depuis l'institution de la chambre du trésor, à laquelle avaient été dévolues, comme nous le disions tout-à-l'heure, les affaires contentieuses, les fonctions de l'administration étaient restées aux trésoriers de France, constitués en *bureau des finances*. Eh bien! il fallait que même les officiers de ces bureaux se fissent recevoir au parlement. Et, à la différence des autres officiers, qui, en général, étaient renvoyés, pour l'examen, à une chambre des enquêtes, les officiers du domaine étaient examinés à la grand'chambre même.

Privilège de la grand'chambre.

Ceci, vous le voyez, tenait à cet ancien privilège de la grand'chambre dont nous parlions tout-à-l'heure. Et cette prérogative, ne croyez pas, Messieurs, qu'elle fut abandonnée plus tard; elle fut maintenue, parce qu'elle reposait sur un principe; et tous les efforts des enquêtes ne purent obtenir qu'une légère modification qui ne fit que confirmer la règle. Ainsi, Le Prestre (1) rapporte qu'il a été jugé deux fois à la cinquième chambre des enquêtes, « que quand il n'est point question » du *fonds du domaine*, le procès se peut juger ès chambres » des enquêtes sans arrêt de renvoi de la grand'chambre, » pourvu que le procureur général ait été ouï en la chambre. »

Les œuvres de d'Aguesseau nous fournissent, sur cette prérogative de la grand'chambre, un document assez curieux; c'est un mémoire (2) qu'il fit pour répondre à de nouvelles prétentions des présidens des enquêtes, et qui est intitulé : « *Sur le droit de la grand'chambre du » parlement de Paris, de connoître seule des procès qui » concernent le domaine.* » Après avoir rappelé que, pendant plus de deux cents ans depuis l'établissement du parlement, les procès concernant le domaine étaient jugés, même en première instance, à la grand'chambre, il analyse les divers actes qui ont maintenu cette prérogative. Ainsi, il rapporte (3) que l'édit de suppression du semestre, de janvier 1557, ayant rétabli le parlement dans son ancien état, MM. les gens du roi dirent

(1) Le Prestre, *questions notables*, page 485.

(2) D'Aguesseau, *sixième mémoire*, tome VII, page 533.

(3) *Ibid.*, page 535.

à la cour, le 16 février suivant, que MM. les présidens de la cour et eux *faisant la révérence au roi en son hôtel du Louvre,* et l'ayant entretenu des procès du domaine, avaient reçu de lui, *en présence des cardinaux de Lorraine et de son garde des scels de France,* l'ordre « de dire de bouche à la cour qu'il veut et entend que » tous lesdits procès du domaine fussent jugés dans les » grand'chambre et chambre du conseil, et non ailleurs, » et que si aucuns procès avoient été renvoyés aux en- » quêtes, ils fussent renvoyés en la grand'chambre ou » chambre du conseil et rapportés par les conseillers aux- » quels ils seroient distribués ; commandant qu'où la cour » en voudroit lettres, elles fussent expédiées et envoyées en » ladite cour. » Sur quoi il fut ordonné qu'il en serait fait registre.

D'Aguesseau ajoute, qu'en effet, des lettres furent expédiées à cette fin et rapportées à la cour par MM. les gens du roi, le 25 du même mois.

Il rapporte que, depuis, toutes les fois qu'il avait été obtenu des lettres spéciales du roi qui renvoyaient un procès du domaine en une des chambres des enquêtes, MM. les gens du roi s'y sont opposés, et ont requis le renvoi à la grand'chambre, ce qui avoit été ordonné. Puis, il ajoute (1) : « Ce n'est pas que » nonobstant des ordonnances si précises, et un usage si » bien établi, les rois Charles IX et Henri III n'ayent » encore décerné quelques commissions particulières pour » connoître du domaine, et entr'autres par lettres-patentes » des 5 novembre 1572 et 6 octobre 1576 ; mais on se

---

(1) D'Aguesseau, *sixième mémoire*, tome VII, page 536.

» plaignit aux états tenus à Blois en 1579, et, suivant la » délibération des états, ces commissions furent révoquées » par lettres-patentes du roi Henri III, du 8 avril 1579.

» Et par d'autres lettres du 10 mai 1580, la connois- » sance des affaires du domaine fut attribuée, tout de nou- » veau, à la grand'chambre, interdite à tous autres juges, » et par l'arrêt d'enregistrement du 17 juin 1580, il a été » ordonné, entre autres choses, qu'il seroit fait un registre » particulier des procès du domaine, pour être distribués » promptement et jugés. » Il déclare que, depuis, il y a toujours eu, au greffe du parlement, un registre particulier, intitulé : *Registre des distributions des procès du domaine évoqués, renvoyés du conseil des autres parlemens, informations, &c., qui se jugent en la grand'-chambre;* que les registres avant 1595 sont ou pourris ou perdus; mais que depuis 1595 jusqu'en 1700, il n'en manque pas un.

D'Aguesseau nous apprend qu'il y eut alors une assemblée chez M. le premier président de Harlay, où tout fut discuté, et où il fut convenu que (1) « dès que » le droit du domaine seroit contentieux, soit que le pro- » cureur général, ses substituts ou les engagistes soient par- » ties, les procès seront portés à la grand'chambre en tout » état. Quand il ne s'agiroit que de la recette des droits non » contestés, des baux et de leur exécution, ils le seroient » aux enquêtes. »

Juridiction [d]es parlemens par les lois du domaine.

Si les lois de procédure que nous avons parcourues sont si formelles sur l'attribution aux parlemens, avec quelle force nouvelle ce principe n'est-il pas établi par

---

(1) D'Aguesseau, *sixième mémoire*, tome VII, page 538.

les lois même du domaine! L'édit de 1566, qui est resté comme le code du domaine, porte cette disposition remarquable (article 5) (1) : « Défendons à nos » cours de parlemens et chambres des comptes d'avoir aucun » esgard aux lettres-patentes contenant aliénation de nostre » domaine et fruits d'yceluy, hors les cas susdits, pour » quelque cause et temps que ce soit, encores que ce fust » pour un an; et leur est inhibé de procéder à l'entérinement et vérification d'icelles. Et ne seront tenues pour » valablement entérinées, celles qui auront cy-devant été » octroyées, si non qu'elles eussent été vérifiées tant en » nosdites cours de parlement que chambre des comptes, » et chacune desdites cours et chambre; et ne sera par » vertu d'icelles aucune chose allouée aux comptes des officiers comptables du domaine. »

Que peut-on, Messieurs, de plus énergique que cela! Le roi soumet aux parlemens ses propres actes relatifs au domaine; il les proclame les seuls juges des règles du domaine; il les en fait les conservateurs contre lui-même.

Dans son édit de mai 1579, Henri III répète et et fortifie toutes ces dispositions.

Et, Messieurs, voyez quelles étaient, même dans les derniers temps, l'étendue et la rigidité de ces principes. Après la mort de Louis XIV, il s'agissait de la vente d'une certaine quantité de meubles de la couronne. D'Aguesseau fait un mémoire à ce sujet : voici comment il s'exprime (2) : « Le même principe qui

---

(1) Recueil de Fontanon, 1611, tome II, page 362.

(2) D'Aguesseau, *cinquième mémoire*, tome VII, page 528.

» fait regarder ces meubles comme le bien de la couronne » établit aussi la nécessité des lettres-patentes, qui seront » le fondement de la vente qu'on en fera; le domaine du » roi ne peut jamais être valablement aliéné, ni même » engagé sans cette formalité; ainsi tout ce qui est réputé » domaine est assujetti à la même loi.

» Mais à qui ces lettres-patentes seront-elles adressées? » Le même principe résout toujours également toutes les » questions que l'on peut former sur ce sujet; toutes lettres- » patentes qui sont expédiées pour autoriser les ventes ou » les échanges du domaine du roi doivent être adres- » sées au parlement et elles le sont toujours en effet. C'est » cette compagnie qui est chargée principalement de la » défense et de la conservation du domaine de la cou- » ronne et surtout des loix salutaires qui en avoient si sa- » gement défendu l'aliénation; on ne peut déroger à ces » loix que par des lettres-patentes qui soient enregistrées » au parlement, sans cela l'aliénation seroit nulle et n'o- » bligeroit pas même un roi majeur; elle obligeroit encore » moins un roi mineur, et ni ceux qui auroient vendu » des meubles réputés domaniaux, ni ceux qui les auroient » acquis ne seroient en sûreté. »

D'Aguesseau continue; et cette fois ce n'est plus des lettres-patentes ordonnant la vente qu'il s'agit, c'est de l'opération matérielle de la vente elle-même. Voici ses expressions (1) : « Il ne reste donc plus que » de savoir quels seront les commissaires qui seront chargés » de faire la vente de ces meubles, et il en faut encore » juger par ce qui se passe dans le cas de l'aliénation ou » de l'engagement des domaines.

» Autrefois et dans des temps où l'on suivoit plus

(1) D'Aguesseau, *cinquième mémoire*, tome VII, page 531.

» exactement les anciennes maximes du royaume, le roi » choisissoit dans le parlement les principaux commis- » saires qui étoient chargés de faire l'aliénation ou l'enga- » gement; on y associoit ordinairement le premier prési- » dent ou un des présidens de la chambre des comptes, et » par là on concilioit les deux compagnies qui sont char- » gées de veiller également, quoique d'une manière dif- » férente, sur la conservation du domaine de la couronne.

» Dans les derniers temps, les commissaires ont toujours » été choisis dans le conseil.

» Il dépendra de Monseigneur le régent de suivre l'an- » cien usage, ou l'usage nouveau; et Son Altesse Royale » pourroit encore concilier l'un avec l'autre en joignant » des commissaires du conseil à ceux qui seroient choisis » dans le parlement et dans la chambre des comptes, » comme on en trouve des exemples dans les temps mêmes » où on étoit plus attaché aux anciennes règles. »

Procureurs généraux.

Nous le répétons, Messieurs, avec toutes les lois, tous les auteurs, les parlemens étaient *les gardiens du domaine*. Dans leur sein était le seul contradicteur légitime en matière domaniale, le procureur général. L'édit de 1566 porte encore à cet égard une disposition qui doit être citée (1) : « Et enjoignons très- » expressément à nos procureurs tenir la main à la pro- » tection, conservation, poursuite et réunion de nostre » domaine, sur peine de respondre de la perte d'yceluy, » qui seroit advenue par leurs fait et faute. »

L'édit de 1579 répète (2) : « Enjoignons à nos pro- » cureurs généraux et à leurs substituts d'*empêcher les con-*

(1) Recueil de Fontanon, 1611, tome II, page 363.

(2) Recueil de Néron, 1720, tome I, page 644.

» *traventions* (aux règles et maximes du domaine) » si aucunes se faisoient, *à peine de privation de leurs estats.* »

Telle était la responsabilité du ministère public; et ses annales nous montrent qu'il ne l'a pas redoutée. Partout nous y retrouvons ces immenses travaux où l'érudition et le talent discutèrent les causes domaniales avec l'indépendance du magistrat. Ici, c'est le procureur général La Guesle s'opposant à l'enregistrement des lettres-patentes d'Henri IV qui violaient les maximes du domaine, et disant avec une noble énergie (1) : « C'est ce que nous disons aujourd'hui au » roi; et soutenons pour le roi contre le roi. » Là, c'est l'avocat général Servin disant (2) : « Nulles procédures » pour raison des terres, soit de l'ancien domaine de la » couronne de France, soit du domaine et patrimoine » qu'avoit le roi Henri-le-Grand auparavant son avène- » ment à la couronne, à laquelle il a été uni par les lois » du royaume, n'ont pu être faites sinon par et avec le » seul procureur général du roi en cette cour, qui tient » lieu de celui qui étoit appelé ès anciennes inscriptions » romaines *tutor patrimonii.* » Plus tard, c'est d'Aguesseau proclamant que (3) : « Le procureur général est seul dépo- » sitaire, par le titre de sa charge, de la conservation des » droits du domaine de la couronne, qu'il défend ou par » lui-même en la cour, ou par l'organe de ses substituts » dans les tribunaux inférieurs. »

Enfin, Messieurs, la puissance de ces principes

---

(1) La Guesle, *quatrième Remontrance*, page 134.

(2) Servin, plaidoyer sur la baronie de Montdoubleau, rapporté par Savaron, *de la Souveraineté*, 1620, pages 146, 147.

(3) D'Aguesseau, *troisième requête*, tome VI, page 409.

était telle que, lorsqu'au commencement de la régence, en septembre 1715, une déclaration du roi établit plusieurs conseils pour la direction des affaires du royaume, cette déclaration, qui n'était cependant relative qu'à l'administration, admit en ces termes la haute inspection des procureurs généraux (1) : « Voulons aussi que les affaires de nature à estre portées » ausdits conseils dans lesquels nostre domaine ou les » droits de nostre couronne pourroient estre intéressés » soient communiquées à nos avocats et procureurs géné- » raux en nostre cour de parlement à Paris, pour y donner » leur avis par écrit qui sera lu ausdits conseils, où ils » pourront mesme estre entendus quand ils croiront devoir » le demander, avant que lesdites affaires y soient réglées. »

II.e PROPOSITIO[N] — Le consei[l] n'avait poi[nt] la juridicti[on] contentieu[se] en général

L'attribution aux parlemens établie par tant de documens irrécusables, procédons à la contre-preuve. Parlons du conseil du roi, et recherchons ses pouvoirs et sa juridiction.

On a soutenu que le conseil pouvait exercer la juridiction contentieuse en général, concurremment avec les parlemens. On a soutenu ensuite sa compétence spéciale pour les affaires domaniales. Nous avons indiqué déjà que nous suivrions cette division.

Sur le premier point, combien de confusions nous avons d'abord à détruire!

Temps ancie[ns]

On vous a parlé des assemblées du *champ de mai* dans les premiers siècles de la monarchie, du *placitum*

(1) Collection de la Bibliothèque du Roi.

regium, des parlemens ambulans. On vous a montré les rois jugeant eux-mêmes les procès.

Mais quelles conséquences justes peut-on tirer de ce qui se passait dans des temps où la situation et les principes des choses étaient si différens! Faudrait-il que nous indiquassions ici quelles étaient les seules affaires dont s'occupaient les champs de mars ou de mai et le *placitum regium!* Faudrait-il montrer les progrès de la féodalité et l'odieux usage du combat judiciaire substituant partout les justices seigneuriales à la justice royale, circonscrite dans l'étroit domaine de la couronne! Faudrait-il remonter jusqu'à la *cour féodale*, démêler son action, son principe; suivre les changemens introduits par Philippe-Auguste, créant l'appel de *défaute de droit,* et par saint-Louis, abolissant le combat judiciaire dans ses domaines? Sans doute, Messieurs, les développemens que nous donnerions à ces divers points auraient un intérêt historique; mais ils ne pourraient nous conduire à rien de sérieusement applicable à la question actuelle.

On cite, dans le mémoire, les jugemens relatifs au comté d'Artois, rendus, en 1318 et en 1331, contre Robert de Flandre relativement au comté d'Artois; puis le jugement rendu, en 1340, contre Jean de Montfort, relativement au duché de Bretagne; et l'on montre le jugement prononcé, non par le parlement, mais par le roi *en sa cour garnie de pairs, prélats, barons, &c.* Quel rapport ces jugemens ont-ils avec le conseil du roi! Il s'agissait de *pairs*, qui, d'après la loi des fiefs (*nemo beneficium suum perdat nisi per judicium parium suorum*), ne pouvaient être jugés que par la cour des pairs. La cour des pairs a prononcé : or, qu'on lise les auteurs mêmes qu'on cite, qu'on interroge tous les monumens de la féodalité, partout on verra que la *cour des pairs* et le *conseil du roi* étaient deux choses essentiellement différentes.

On parle aussi d'autres procès, entre Philippe-le-Hardi et Charles d'Anjou sur le comté de Poitiers, et entre Louis de Flandre et Robert de Béthune sur le comté de Flandre, qui ont été jugés dans le même temps par le parlement : c'est une nouvelle confusion. On sait que, lorsque le parlement fut devenu sédentaire, la cour des pairs ne tarda pas à se fondre avec lui, fait attesté par l'histoire et constaté par le texte même d'une ordonnance de 1363. Ainsi, les jugemens dont on parle étaient encore des jugemens de la cour des pairs.

Grand conse

Mais, voici bien une autre confusion. On vous cite l'édit de Charles VIII d'août 1497 comme ORGANISANT LE CONSEIL et lui donnant *autorité souveraine par tout le royaume, telles qu'ont les autres cours souveraines*. Eh bien, Messieurs, de quoi s'agit-il dans cet édit ? Du conseil du roi ? point du tout : il s'agit du *grand conseil*, qui fut effectivement institué par cet édit.

Or, qu'était-ce que le *grand conseil* ? c'était un corps de justice investi d'une juridiction spéciale, un tribunal d'attribution comme il y en avait plusieurs à cette époque. Le grand conseil connaissait des matières bénéficiales, des causes intéressant différens ordres religieux, &c., &c. Il y avait auprès de lui un procureur général, des avocats généraux, des subtituts. Il tenait des audiences : en un mot c'était un tribunal.

Mais voici d'où vient l'erreur. Le nom de *grand conseil* ne s'appliqua pas toujours à un corps de justice. Lorsqu'en 1302, le parlement, rendu sédentaire, cessa d'être le conseil des rois, un nouveau conseil s'établit. Il était composé des plus grands seigneurs du royaume, auxquels étaient adjoints des conseillers au parlement et à la chambre des comptes. Ce conseil s'appela *grand conseil*, ou *conseil secret, conseil étroit*. Mais le *grand conseil* institué en 1497, et qui subsista depuis cette époque jusqu'à la révolution en qualité de tribunal, était, nous le répétons, tout autre chose que le conseil du roi.

Division du conseil du roi.

En 1779, époque à laquelle il faut cependant arriver, le conseil du roi était divisé en diverses parties : 1.° le *conseil d'état* proprement dit, ou *des affaires étrangères ;* 2.° le *conseil des dépêches* où se traitaient les affaires concernant l'administration intérieure ; 3.° le *conseil royal des finances ;* 4.° le *conseil royal de commerce ;* 5.° enfin le *conseil des parties* ou *conseil privé*, qui connaissait des demandes en cassation, des conflits, &c.

A cette dernière branche du conseil se rattachaient,

ou étaient considérées comme se rattachant, deux assemblées qui étaient, dans la réalité, une émanation du conseil royal des finances, et qui se nommaient la *grande* et la *petite direction des finances.*

Il y avait, en outre, au conseil, diverses commissions ordinaires et extraordinaires.

Sa juridic

Le conseil des parties, la grande et la petite direction des finances, et les commissions extraordinaires exerçaient-ils une juridiction contentieuse? Si la question est posée dans ces termes généraux, nul doute qu'elle ne doive être résolue par l'affirmative. En effet, des ordonnances précises réservaient au conseil la connaissance de diverses affaires qui, par leur nature, ne tombaient pas dans la juridiction ordinaire. Ainsi, les demandes en cassation étaient alors jugées par le conseil des parties, comme elles le sont aujourd'hui par la cour de cassation. Tout ce qui tenait à l'exécution des baux des fermes était jugé par le conseil, par qui ces baux étaient faits, &c., &c.

Mais le conseil pouvait-il juger les affaires contentieuses qui rentraient dans la juridiction des tribunaux ordinaires? C'est là, Messieurs, la question qu'il eût fallu préciser, et que, sous le rapport du *droit,* toutes les anciennes ordonnances résolvent par la négative.

Abus.

On a cité Pasquier relativement aux assemblées des barons sous les premiers rois de la seconde race. Eh bien, Messsieurs, voici comment s'exprime cet auteur relativement au conseil du roi, dans l'inter-

valle de temps où il était nommé *grand conseil* (1).
« Ce grand conseil, du commencement, n'étoit fondé en
» jurisdiction contentieuse, car telles matières étoient re-
» servées pour la connoissance de la cour de parlement;
» ains seulement connoissoit de la police générale de la
» France, concernant ou le fait des guerres ou l'insti-
» tution des édits dont la vérification appartenoit au par-
» lement.

» Et dura, continue Pasquier, cet état de choses jusque
» vers le commencement des factions qui intervinrent entre
» la maison d'Orléans et celle de Bourgogne, auquel temps,
» ainsi que toutes les choses de la France se trouvèrent
» grandement brouillées et en très-grand désarroi : aussi
» ceux qui avoient la force et puissance par devers eux,
» pour gouverner toutes choses à leur appétit, faisoient
» évoquer les négoces qu'il leur plaisoit par devers le con-
» seil du roi qui étoit composé ou de Bourguignons ou
» d'Orléanois, selon que les uns ou les autres des deux fac-
» tions avoient le crédit en la cour du roi Charles VI,
» qui alors étoit mal disposé de son bon sens, et par cette
» voie frustroient ceux de la cour de parlement des causes
» qui leur étoient affectées. Ainsi jouant ces grands sei-
» gneurs à *boutte-hors*;... et à peu dire toutes et quantes
» fois que les seigneurs qui gouvernoient avoient envie
» d'égarer quelque matière en faveur des uns ou des autres,
» ils en usoient en cette manière, laquelle depuis fut très-
» curieusement gardée par le duc de Bethfort, pendant que
» les Anglois occupoient une grande partie du royaume...
» Et plusieurs autres telles causes qui empêchèrent au long
» aller de telle façon ce conseil, que l'on fut contraint pour
» la multitude des procès de faire nouveaux conseillers
» qui commencèrent de prêter le serment à leur réception,

---

(1) *Recherches*, livre II, chapitre 6.

» et au roi et à la cour de parlement, comme s'ils eussent » été du corps de cette cour. »

Vous voyez, Messieurs, le principe : *la juridiction contentieuse étoit réservée au parlement;* et ce n'est que par l'effet des troubles du royaume et par abus de pouvoir que le conseil empiéta sur les droits des juges ordinaires. Les dernières paroles de Pasquier nous montrent même qu'au milieu de la confusion dont il parle, ce principe domina toujours, et que les membres du conseil y souscrivoient eux-mêmes.

Mais voyons les ordonnances.

Dans celle du 17 novembre 1318, Philippe-le-Long dit, en parlant des maîtres des requêtes (1) : « Et ne pourront connoître, ne prendre connoissance de » causes, ne de querelles, especiaument dou principal des » causes, qui doivent estre demenées en parlement ou devant » les baillis ou les séneschaus. » Ordonnanc des Rois.

Il répète dans son ordonnance de décembre 1320 (2) : « Lesdiz poursuianz ne déliverront, ne ne » passeront nulles requestes qui touchent nostre parlement, » nostre chambre des comptes, ou nostre trésor; ainsoiz, » iceuls requeranz renvoiront aux lieux là où il appar- » tiendra chacun en droit soy. »

Henri III disait, dans son ordonnance de mai 1579, article 91 (3) : « Et au regard de nostre conseil privé » et d'estat, ayant en cet endroit comme en tous autres bé- » nignement reçu les remontrances qui nous ont été faites

(1) Ordonnances des Rois de France, tome I.er, page 675.

(2) *Ibid.*, page 732.

(3) Recueil de Néron, 1720, tome I.er, page 559.

» par nos estats, afin aussi de le rétablir dans sa première » dignité et splendeur, et que doresnavant nostredit con- » seil ne soit occupé ès causes qui gissent en juridiction » contentieuse, et conserver la juridiction qui appartient à » nos cours souveraines et justices ordinaires; avons ren- » voyé les instances pendantes, indécises et introduites en » icelui nostredit conseil, tant par évocation qu'autrement, » pardevant les juges qui en doivent naturellement con- » noître, sans que nostredit conseil à l'avenir prenne con- » noissance de telles et semblables matières, lesquelles vou- » lons estre traitées pardevant nos juges ordinaires, et par » appel en nos cours souveraines, suivant nos édits et or- » donnances. »

Henri IV s'exprimait ainsi dans son ordonnance de janvier 1597 (article 12) (1) : « Tous différens » meuz, contestez, ou reiglez pardevant les juges ordinaires, » seront jugez par eux, et par appel au parlement, dont ne » seront évocquez pour autres causes que celles qui sont » contenues aux ordonnances publiées et vérifiées en nos- » dites cours de parlement.

« (Article 13) : Ne voulans aussi que nostre conseil » privé soit cy après occupé ès causes qui consistent en » jurisdiction contentieuse, ordonnons qu'à l'advenir toutes » telles matières et différents qui y pourroient estre intro- » duits soient incontinent renvoyées en nos dictes cours » souveraines à qui la cognoissance en appartient, sans la » retenir, ny distraire nosdits subjets de leur naturel res- » sort et jurisdiction, ny que l'exécution des arrêts de nos- » dictes cours puisse estre empeschée, sursise ou différée. »

Louis XIV reproduisait ces dispositions dans l'article 14 de son ordonnance d'octobre 1648, où on

(1) Recueil de Fontanon, 1611, tome I.er, page 5.

lit (1) : « Voulons qu'à l'avenir les articles 91, 92, 97, » 98 et 99 de l'ordonnance de Blois de l'année 1579 soient » inviolablement gardés et exécutés : ce faisant que toutes » affaires qui gissent en matière contentieuse dont les ins- » tances sont de présent ou pourront être ci-après pen- » dantes, indécises et introduites en notre conseil, tant » par évocation qu'autrement, soient renvoyées et les » renvoyons par-devant les juges qui en doivent naturel- » lement connoître, sans que nostre dit conseil prenne » connoissance de telles et semblables matières. »

On objecte que les parlemens ne rendant la justice que par délégation royale, le roi avait conservé le droit de l'exercer par lui-même en son conseil d'état. Objecti

Donner et retenir ne vaut, pourrait-on répondre d'abord. Répons

Mais, pour que le roi eût conservé le pouvoir de juger les affaires attribuées aux tribunaux ordinaires, au moins aurait-il fallu qu'au moment de la délégation il se fût réservé cette faculté, ou tout au moins encore qu'il l'eût revendiquée depuis par quelque acte. Or, les textes que nous venons de lire nous montrent que les rois, bien loin de faire une semblable réserve à leur profit, soit lors de la délégation, soit depuis, ont précisément fait le contraire. On ne pourrait pas citer une seule ordonnance qui ait rétracté les règles tutélaires posées dans les édits de 1579, de 1597 et de 1648.

De quels actes a-t-on argumenté pourtant ! D'un Régl du cc

(1) Recueil de Néron, 1720, tome II, page 22.

réglement du conseil du 31 mai 1582, que l'on vous cite ainsi : on y lit que « les mercredi et vendredi, le » conseil expédieroit les matières contentieuses, procès et » différends entre les parties dont la connoissance seroit re- » tenue et réservée au conseil, et lesquelles n'auroient été » renvoyées aux cours de parlement. » On s'arrête là, comme le fait dans son *Histoire du conseil* Guillard (1), dont on invoque souvent l'autorité, et qu'on n'a sans doute fait que copier sans vérification. Or, Messieurs, voici dans son entier la disposition qu'on invoque, et qui forme l'article 3 du réglement dont il s'agit (2) : « Et quant aux deux autres jours de mercredy et vendredy » Sa Majesté entend que ledit conseil expédie les matières » contentieuses, procès et différents d'entre les parties dont » la connoissance est retenue et réservée au conseil de Sa » Majesté, et lesquelles n'auront esté renvoyées aux cours de » parlement, grand conseil et autres juges ordinaires, sui- » vant les ordonnances très-expresses que Sa Majesté en a » faictes, lesquelles elle veut et ordonne estre suivies et » observées et spécialement celles du premier jour du mois » de mars 1579, de laquelle, pour cette cause, Sa Majesté » veut estre faict lecture audit conseil au commencement » de chacun quartier en la présence des maistres des re- » questes, lesquels entreront et rapporteront au conseil » qui se tiendra lesdits jours comme il est accoutumé, » partant seront tenus s'y trouver et s'assujettir aux heures » susdites. »

Voilà qui change singulièrement le sens de la dis-

---

(1) Page 71.

(2) *Réglemens du conseil*, manuscrits de la bibliothèque du cabinet du Roi, page 414.

position! Le roi *veut et ordonne* que l'on *observe les ordonnances qu'il a faites pour le renvoi des affaires contentieuses devant les juges ordinaires.*

Ce n'est pas tout : le réglement de 1582 renvoie lui-même à un autre réglement du conseil du 1.er mars 1579. Que dit celui-ci? Il suffit, Messieurs, de vous en faire connaître le titre, qui en est à la fois l'analyse (1) : « Réglement que le roi ordonne estre faict » sur les procès qui sont à présent pendans en son conseil » privé, et sur ce que Sa Majesté entend estre renvoyé en » ses cours de parlement, grand conseil, cour des aydes » et juges ordinaires, sans que par cy-après ledict conseil, » qui est d'ailleurs assez occupé en affaires d'importance, » soit plus chargé de tant de procès, et autres affaires de » justice, qui peuvent estre jugées ès dites cours avec plus » de soulagement de ses subjects ; lequel réglement Sadite » Majesté veult à l'advenir entièrement observer, sans qu'il » y soit aucunement contrevenu. »

Si nous parcourions les dispositions de ce réglement, nous verrions que, non seulement il confirme le principe de la juridiction ordinaire, mais que même il l'étend. Ainsi, il dépouille le conseil de la connaissance des procès nés des nouveaux édits, bien que ces édits eussent expressément attribué au conseil la connaissance des difficultés auxquelles ils pourraient donner lieu.

Quels sont, d'ailleurs, ces *procès entre parties* que le conseil continuera de juger les *mercredi et vendredi?*

---

(1) *Réglemens du conseil*, manuscrits de la bibliothèque du cabinet du Roi, page 379.

D'autres réglemens nous apprennent que le conseil du mercredi et du vendredi n'était autre que le *conseil des parties*, dont les attributions, exercées aujourd'hui par la cour de cassation, n'avaient rien que de conforme au principe de la juridiction ordinaire. C'est donc s'égarer que de s'emparer, comme on l'a fait, de la généralité de quelques expressions, pour conclure contre les principes posés par les ordonnances les plus explicites.

Rien à inférer non plus du préambule qu'on cite d'un édit de septembre 1643 (dont on n'indique pas le sujet et qu'il nous a été impossible de trouver malgré toutes nos recherches). Ce préambule porte, dit-on, que, *de tous les endroits de la France, les sujets du roi sont obligés de se pourvoir en ses conseils pour leurs plus importantes affaires.* Soit : mais quelles affaires? Cela prouve-t-il que l'ordre judiciaire fût déshérité de ses droits? Et pour un tel changement, quelle autorité qu'un *préambule*, sans qu'on cite même une disposition de l'édit!

On s'est encore emparé d'un autre préambule, celui du réglement du 1.er mai 1657 pour la réduction du nombre des conseillers d'état, lequel préambule porte (1) : « Le Roi, voyant combien la multitude de ceux » qui ont été admis en ses conseils d'état, des parties, et de » la direction des finances, même avec le titre d'ordinaire, » est préjudiciable à son état et à son service, et contraire

---

(1) *Réglemens du conseil*, manuscrits de la bibliothèque du cabinet du Roi, page 993.

» à la dignité de la première compagnie du royaume qui » doit être honorée bien souvent de la présence de Sa » Majesté, et servir d'exemple et de règle à toutes les » autres, &c. » Nous le demandons encore, quelle conséquence à tirer de là pour la violation du principe de la juridiction ordinaire ? aucune assurément.

Mais, supposons que des réglemens du conseil bien explicites portassent dérogation au principe de la juridiction ordinaire, quels étaient ces actes ? aucun d'eux n'a été enregistré, ni même présenté au parlement. Il paraît que la plupart n'ont pas été publiés officiellement, à un tel point qu'après d'inutiles recherches dans les collections d'ordonnances imprimées des archives du royaume, de la bibliothèque du roi, et de celle de la cour de cassation, ce n'est enfin que dans la bibliothèque du cabinet du roi que nous avons pu découvrir un manuscrit, qui paraît contenir la seule collection complète de ces réglemens, dont partie seulement se trouve dans d'autres manuscrits plus anciens, à la bibliothèque du roi. Enfin, il nous a été impossible de découvrir plus de deux de ces réglemens, qui eussent été imprimés, savoir : celui de 1582 qu'on trouve dans les offices de Girard, et celui de 1657 qui a été publié dans un factum (1) pour un procès particulier. Nous le demandons, de semblables actes, tout-à-fait intérieurs par leur nature, peuvent-ils être présentés comme dérogeant aux lois du royaume ?

---

(1) *Précis pour le Doyenné* au conseil.

On a argumenté aussi d'un arrêt du conseil du 8 juillet 1661, rendu *le roi y étant,* qui pose en effet en principe que, pour *des raisons d'état,* la connaissance de certaines affaires pouvait être retenue au conseil, et qui fait aux cours et tribunaux défense de contrevenir à ce principe. Mais cet arrêt lui-même constate que les parlemens jugeaient uniformément le contraire : et ce n'est pas, après tout, une autorité bien satisfaisante en faveur du conseil, que l'autorité du conseil lui-même.

Mais, en terminant sur ce point, il est un fait important à remarquer : c'est que parmi ces nombreux réglemens du conseil, que nous avons tous vérifiés, il n'en est pas un seul qui porte attribution au conseil des affaires contentieuses de la juridiction ordinaire; et qu'au contraire, on les voit sans cesse renvoyer aux juges ordinaires non seulement les causes portées devant lui par abus, mais même celles relatives à des difficultés sur des édits nouveaux qui avaient fait réserve de la juridiction du conseil. Ce serait, Messieurs, perdre un temps précieux que vous citer tous ces textes : il en est un toutefois que nous vous ferons connaître parce qu'il est assez curieux, en ce qu'il indique lui-même la cause des abus introduits; c'est le réglement de Louis XIII du 21 mai 1615 (1). « Le Roy desirant établir un bon ordre dans ses finances,

---

(1) *Réglemens du conseil*, manuscrits de la bibliothèque du cabinet du roi, page 685.

» pour la conduite des affaires, et pour l'administration de » la justice, a voulu commencer par la réformation de son » conseil.... et principalement en déchargeant le conseil » d'estat et finances et le conseil privé de toutes les matières » qui gissent en jurisdiction contentieuse, qui seront ren- » voyées aux parlemens, grand conseil, cours des aydes et au- » tres juges ordinaires où les procès pourront estre jugés plus » commodément pour le soulagement des sujets du roy.

» La multitude des causes qui ont esté et sont encores au » conseil du roy est provenue de diverses occasions qui se » peuvent représenter en peu de mots : *premièrement*, à » cause des troubles et des articles qui ont esté accordez » par le feu roy à plusieurs princes, seigneurs, gouverneurs » des places, villes et communautez, la cognoissance des- » quelles et de tous les différents qui pourroient survenir » à l'occasion d'iceux a été réservée au conseil de Sa » Majesté, comme il estoit lors nécessaire d'en user ainsy. » *Secondement*, les édits et déclarations faicts pour ceux » de la religion prétendue réformée, ont esté cause de re- » tenir et juger plusieurs procès et différents au conseil du » roy. *Troisièmement*, en tous les baux à ferme qui ont » esté faicts au temps du feu roy pour les gabelles et aides, » et généralement en tous les traitez qui ont été faicts pour » les affaires et finances de Sa Majesté, il y a toujours eu » réserve de tous les différents qui surviendroient pour l'exé- » cution desdits baux et traitez pour estre jugez au conseil » du roy. »

Ainsi, Messieurs, bien loin que ces réglemens, tout intérieurs et sans force pour déroger aux lois du royaume, portent cette dérogation, ils en sont au contraire la confirmation.

Nous nous croyons donc autorisé à conclure que le conseil du roi n'était pas compétent pour statuer sur les matières contentieuses attribuées aux tribunaux, et que, si la prétention contraire fut élevée, ou même consacrée par divers exemples, cette prétention était en opposition avec les lois du royaume.

III.e PROPOSITION.

—

Le conseil spécialement incompétent pour juger le fonds du domaine.

Passons à la question spéciale de la compétence du conseil du roi en matière domaniale.

Textes.

On n'invoque, à l'appui de cette compétence, que deux textes, savoir : 1.° celui d'une ordonnance qu'on date de 1554 sans désignation de mois et sans indiquer son objet (ordonnance qu'il nous a été impossible de découvrir), et qui dirait que les maîtres des requêtes continueront à faire leurs chevauchées pour *informer des usurpations du domaine;* et 2.° celui d'un réglement du conseil du 8 janvier 1585 (qu'on nomme à tort un *édit*), et qui porte (1) qu'au conseil seront traitées « toutes *commissions qu'il sera requis d'ex-*» *pédier, soit pour les domaines, aydes et autres revenus et* » *finances de Sa Majesté* ».

Qu'en 1554 les maîtres des requêtes, qui anciennement faisaient effectivement des *chevauchées* pour divers objets et notamment pour surveiller l'administration de la justice, aient été chargés de recueillir des renseignemens sur les usurpations du domaine, rien de plus simple. Mais comment en conclure la compétence du conseil du roi pour juger les questions de propriété du domaine?

(1) *Réglemens du conseil*, manuscrits de la bibliothèque du cabinet du roi, page 496,

Que le conseil ait été chargé d'expédier les commissions pour les domaines et autres revenus de l'État, rien de plus naturel encore. Mais où voit-on là rien qui concerne les questions de propriété? La disposition qu'on cite parle des *aides :* faut-il donc admettre aussi que les procès relatifs aux aides se jugeassent au conseil, tandis qu'il existait pour ce genre d'affaires une juridiction spéciale bien notoire? Ajoutons qu'on ne vous a pas fait connaître tout l'article : il se termine par ces mots (1): « pour le » bien et avancement de sa justice et *entretenement et* » *exécution des édits et ordonnances* ». Ainsi, vous le voyez, ces commissions n'étaient relatives qu'à des objets d'intérêt public ou à des différens tenant à l'administration. C'est ainsi que les autres articles du même réglement placent l'action du conseil d'état dans les réponses aux cahiers et doléances des provinces et divers corps, la police des communautés et villes, le rabais des tailles et subventions des villes, les emprunts, marchés des vivres et munitions, le fait et exécution des baux à ferme généraux et particuliers, &c., &c. Ce réglement, d'ailleurs, renouvelle l'ordre de renvoyer aux juges ordinaires les affaires qui sont de leur compétence.

A défaut de texte, on a invoqué l'autorité de divers écrivains.

(1) *Réglemens du conseil*, manuscrits de la bibliothèque du cabinet du roi, page 496.

Autorités. Le passage que l'on cite du *Dictionnaire des domaines*, loin de justifier la compétence du conseil pour les questions de propriété domaniale, conduit à une conséquence contraire. Il dit que, pour *les droits unis à la ferme des domaines*, le roi s'est réservé, par les édits de création, le droit de juger par appel en son conseil, d'après ce principe (posé quelques lignes plus haut) (1) « que le roi, seul et souverain » législateur dans son royaume, est le maître, en établissant » des droits, d'en attribuer la juridiction aux juges qu'il lui » plaît de choisir. » Eh bien ! il ne s'agit pas ici *de droits* créés par le roi, mais du *fonds du domaine* (comme disent les anciens auteurs) ; et, pour ce fonds du domaine, le roi, loin de se réserver la juridiction, l'a précisément déléguée aux parlemens.

Nous pourrions, d'ailleurs, vous faire connaître divers articles du même *Dictionnaire des domaines* et le chapitre entier du *Traité du domaine*, par Lefèvre Laplanche, intitulé : *De la juridiction du domaine*, où vous verriez rappelés, dans le plus grand détail et sans contestation, tous les titres qui établissent la compétence exclusive des parlemens.

Quant à Tolozan, voyons, dans son entier, le passage invoqué (2) : « On ne juge, au conseil des » parties, que les affaires qui concernent la justice, et dans » lesquelles il ne s'agit que de l'intérêt personnel des par- » ties ; mais à l'égard de celles qui, outre leur intérêt,

---

(1) Dictionnaire des Domaines, v.° *Arrêts*, page 133.

(2) Tolozan, *Réglement du conseil*, page 16.

» peuvent intéresser le domaine du roi ou ses finances, » elles sont portées en deux assemblées qui sont regardées » comme une émanation du conseil des parties ; l'une est » appelée *la grande direction*, l'autre, *la petite direction des* » *finances.* »

Résulte-t-il de là que les affaires domaniales sont portées à la grande ou à la petite direction des finances, en tant qu'elles touchent à la *propriété !* Non, bien évidemment, mais seulement en tant qu'elles tiennent aux *finances.* Le réglement de 1585, dont nous parlions tout à l'heure, explique fort bien ce point dans son article 10, où il place dans les attributions du conseil *le fait et exécution des baux à ferme généraux ou particuliers.*

Mais, on ne vous a pas fait connaître un autre passage de Tolozan, où il parle de certains priviléges de juridiction (1) : « Du premier genre, dit-il, sont les » attributions des affaires domaniales aux chambres du do» maine en première instance, et à la grand'chambre de » chaque parlement, en cas d'appel ; celles de la régale » et des pairies au seul parlement de Paris. » Et plus loin : » Les affaires qui concernent les pairies sont du même » ordre que celles du domaine, soit parce qu'elles relèvent » immédiatement de la couronne, soit parce qu'il n'y a » que le parlement de Paris qui en puisse connaître comme » étant la cour des pairs. »

Quant à Guillard, que l'on invoque aussi, nous regrettons qu'on ne vous ait pas fait connaître dans son entier le passage dont on cite les deux premières

---

(1) Tolozan, *Réglement du conseil*, pages 148, 149.

lignes ; le voici (1) : « La plupart des affaires concernant
» les droits du domaine se décident au conseil de Sa
» Majesté, qui connoît par appel des jugemens rendus par
» toutes les commissions extraordinaires que Sa Majesté
» donne de temps en temps, soit pour l'aliénation, vente
» ou réunion de ses petits domaines, pour raison des francs-
» fiefs, huitième denier, recherches de noblesse et autres
» semblables. »

Oui, sans doute, le conseil pouvait, sans violer les lois du royaume, juger la plupart des difficultés qui s'élevaient sur l'exécution des ordonnances de réunion du domaine. Et, en effet, ces réunions ne pouvaient s'opérer alors qu'en remboursant aux engagistes leurs finances, en les indemnisant de leurs impenses et améliorations, en faisant, dans certains cas, des enquêtes, &c. ; toutes opérations qui n'étaient pas essentiellement du ressort de l'autorité judiciaire. Et toutefois, d'anciens monumens nous attestent que dans les temps où, comme le disait d'Aguesseau, *on suivait plus exactement les anciennes maximes du royaume*, les principaux commissaires étaient choisis dans le parlement. Mais, aucune ordonnance de réunion, aucun acte créant des commissaires, n'attribua jamais à ces commissaires le droit de juger les *questions de propriété* du domaine. Bien loin de là, tous ces actes nous montrent, sur ce point capital, le même respect pour le droit public du royaume qui n'admettait d'aliénation que de l'autorité des parlemens. Ainsi, pour

(1) *Histoire du Conseil*, page 81.

n'en citer qu'un exemple, par un édit d'avril 1667 (et par conséquent peu après cet arrêt du conseil du 8 juillet 1661 dont on a tant parlé) Louis XIV ordonna une réunion générale des domaines, pour l'exécution de laquelle il créa des commissaires : et ce même édit reconnut si bien le principe, qu'il en pousse la conséquence jusqu'aux coupes de bois de haute futaie, qu'il déclare (1) n'avoir pu être légitimement faites par les engagistes qu'en vertu de *lettres-patentes* BIEN ET DUEMENT ENREGISTRÉES.

Mais admettons que l'ordonnance de réunion ou l'acte de création des commissaires semblât leur conférer des droits assez généraux pour qu'ils se crussent autorisés à statuer sur les questions de propriété opposées par le détenteur du bien à la réunion demandée. Dans quel sens seront-ils considérés avoir jugé ? Seulement dans le sens de l'opération administrative dont ils étaient chargés, mais non certainement dans le sens d'une *aliénation* qui deviendrait absolue. Ainsi, ils auront jugé que, soit à raison du défaut actuel d'intérêt du roi, soit à raison de la gravité des exceptions opposées par le détenteur, ce dernier doit être maintenu. Mais auront-ils jugé que ce détenteur est *propriétaire!* Auront-ils *aliéné!* Leur décision deviendra-t-elle un *titre de propriété!* Non ; la question de propriété restera entière. L'arrêt du conseil qu'ils auront rendu ne sera ni un jugement judiciaire, ni un juge-

(1) Recueil de Néron, 1720, tome II, page 85.

ment définitif, mais seulement une décision administrative, qui n'aura pas plus de valeur que l'arrêt du conseil ou l'acte de concession primitive. Une autre ordonnance de réunion pourra trouver des commissaires plus sévères. Et, en tout cas, les véritables juges, les seuls ayant caractère, conserveront tout leur pouvoir sur le procès au fond.

Guillard ne contredit pas ces principes : il semble au contraire les confirmer. Dans aucun endroit il ne va jusqu'à dire que le conseil du roi pût rendre des arrêts qui valussent aliénation du domaine sans vérification aux parlemens. Et ce point est d'autant plus remarquable, que cet auteur n'est pas suspect dans son desir d'étendre les pouvoirs du conseil.

Mais, puisqu'on a cité le dictionnaire des domaines, nous ne pouvons nous refuser à vous citer nous-même un passage qui montre, jusqu'à la dernière évidence, que les arrêts du conseil en matière domaniale n'étaient véritablement que des actes d'administration ; le voici (1) : « Les fermiers des domaines sont autorisés, par » leurs baux, à retirer les domaines aliénés, en remboursant la finance des engagistes.... Les réunions générales » ordonnées par le roi ne sont pas des réunions de droit ; » et pour y procéder, même au nom de Sa Majesté, il » faut des arrêts particuliers, afin que *tous les engagistes* ne » soient pas dans la cas d'être *troublés indifféremment*. Le » conseil doit décider préalablement si, *relativement au* » *bien de l'État et aux* CONSIDÉRATIONS PARTICU-

(1) Dictionnaire des Domaines, v.° *Domaine*, page 462.

» *LIÈRES*, il est *avantageax ou non* de procéder à la réunion.» Des *considérations particulières*, nous vous le demandons, Messieurs, est-ce là la règle des jugemens véritables ?

Des autorités on est passé aux exemples. — Le 14 février 1682, arrêt du conseil qui prononce sur la domanialité de la baronnie de Montbar. Le 2 février 1751, autre arrêt du conseil qui prononce sur la domanialité de terres situées dans le pays reconquis de Calais. Donc, le conseil jugeait les questions de domanialité. Exemples.

Nous répondons que ces exemples sont mal choisis ; car, dans tous les deux, l'action n'était exercée que par le fermier du domaine dans l'intérêt de son bail ; et dans le second (où il s'agissait d'une maison située à Calais), le fermier n'agissait même que pour la perception d'un droit de franc-fief. Nulle conséquence à tirer, pour la compétence relative à l'État et à la question de propriété, de la compétence relative à des fermiers du domaine et à une question de jouissance. Ce que nous disions tout-à-l'heure revient d'ailleurs ici, et nous dispense d'insister. Nous ajouterons, toutefois, qu'en ces deux occasions, du moins, on ne peut pas prétendre qu'il y eût chose jugée contre l'État, car, dans les deux affaires, les fermiers du domaine ont gagné leur procès.

Les textes, les autorités, les exemples s'évanouissent ; restent les raisonnemens.

Pourquoi, dit-on d'abord, distinguer entre les 1.re Objection.

causes du domaine et les autres! plus elles intéressent la couronne, plus il est juste que le prince les juge en son conseil.

Déjà, la majeure du raisonnement a été réfutée. Il a été prouvé que le conseil du roi n'était pas fondé en juridiction contentieuse pour les causes ordinaires. Mais l'intérêt de la couronne dans les causes domaniales est précisément ce qui prouve que le roi ne pouvait juger : il eût été juge et partie. Ajoutons que les concessions du domaine étant presque toujours faites à des personnes tenant à la cour, il y avait, en justice et en politique, double intérêt pour les rois à débarrasser leur conseil de jugemens qui pouvaient n'être ou ne paraître que le fruit de la faveur ou de l'intrigue.

2.e Objection. Mais, ajoute-t-on, les arrêts du conseil émanaient aussi bien du roi que ces lois d'inaliénabilité et de juridiction du domaine invoquées contre les héritiers de Soubise ; et ces lois, le roi qui les avait faites pouvait les changer.

Nous répondons que quelque importance que l'on veuille attacher à la fiction qui faisait émaner du roi les arrêts du conseil rendus en son absence (ou même en sa présence), admettre que ces arrêts rendus entre parties (car on ne parle même pas ici d'arrêts de réglement) pussent déroger aux lois générales données par le roi du haut de son trône, et publiées et vérifiées dans les cours souveraines du royaume, c'est renverser toutes les bases de l'ancienne constitution politique de la France. Et sur ce prétendu droit de changer à volonté les lois du domaine, laissons parler d'Aguesseau (1) : Les lois qui règlent la » nature du domaine de la couronne ne sont pas de ces » lois arbitraires qui peuvent changer avec les temps, et où » l'expérience fait condamner dans un siècle ce que la » raison sembloit avoir dicté dans un autre : ce sont des » lois que l'on peut appeler fondamentales, lois dont les » motifs subsisteront autant que la monarchie ; lois immua- » bles, par conséquent, dont l'utilité dédommage les princes » de la restriction qu'elles semblent mettre à leur bonté. » Après tout, on ne craindra point de dire que c'est en effet » contre leur bonté qu'ils ont voulu se lier les mains par » avance, et prendre de loin, pour ainsi dire, des pré- » cautions contre leur propre générosité. Si par là ils se » sont privés d'une partie de leur pouvoir, on peut dire » que c'est une impuissance honorable que celle qui ne » consiste qu'à ne pouvoir se nuire à soi-même. »

Il faut donc revenir aux principes établis. La juridiction des parlemens en matière domaniale tenait à la loi des fiefs. Le parlement était juge du domaine comme *cour des pairs*. Toute aliénation du domaine était nulle de droit, si elle n'était autorisée par lettres-patentes enregistrées au parlement. Vrais principe

A tous ces titres, l'incompétence du conseil est manifeste. Il n'était ni cour féodale, ni cour des pairs ; donc il ne pouvait connaître de la *propriété du domaine*. Il ne pouvait *aliéner* le domaine ; donc il ne

(1) D'Aguesseau, *deuxième mémoire*, tome VII, page 499.

pouvait statuer sur une *question de propriété*, ce qui eût été aliéner.

Et, en effet, Messieurs, supposez une cause intéressant la pairie. Qui oserait soutenir que le conseil du roi a pu se constituer en *cour des pairs* pour la juger ? Eh bien ! la cause du domaine était celle de la pairie, et plus encore, nous l'avons vu.

Mais revenons; et précisons les idées sur la grande et la petite direction des finances, sur les inspecteurs généraux du domaine : nous verrons de nouvelles preuves de l'incompétence spéciale du conseil pour les questions de propriété domaniale.

Grande et petite directions des finances.

Pendant longtemps les affaires de finances furent traitées au conseil du roi, concurremment avec les autres. Ce fut Henri III qui, le premier, créa, par son réglement du 20 janvier 1580, un conseil particulier pour les finances, dont il détermina dès-lors (comme depuis par son réglement du 31 mai 1582) les attributions, toutes d'administration.

En 1594, après la mort du trop fameux surintendant d'O, Henry IV, ayant supprimé la charge de surintendant des finances, confia la direction des finances à un conseil particulier, dont les fonctions furent également concentrées dans des actes de pure administration. Nous n'en ferons pas ici le détail; il nous suffira de dire que dans ce réglement, qui est du 27 novembre, on ne voit figurer le domaine que pour la préparation, par le conseil, des ventes et aliénations, et pour l'adjudication des baux.

La suppression de la charge de surintendant des finances subsistant encore en 1611, Louis XIII explique, par son réglement du 5 février (1), que le conseil pour la direction des finances *tiendra au lieu du surintendant.* On y voit encore que c'est ce conseil qui *donne les fermes.* Il porte que *les choses concernant les finances seront jugées au conseil d'état et des finances, selon qu'il est accoutumé.* Or, tous les autres réglemens ne parlent de jugemens que sur les actes d'administration.

C'est, au surplus, ce qu'établit bien positivement un réglement du 21 mai 1615 (2), où est donné le détail des affaires qui *seront traitées et résolues au conseil pour la direction des finances.* Ainsi, l'on y voit figurer *la taille, les états des fermes et conditions qui doivent être insérées aux baux, l'état général des finances, la recette et la dépense du trésorier de l'épargne, les commissions des envoyés dans les provinces pour le fait des finances, les délibérations relatives aux levées de deniers,* &c.

Une des principales attributions du conseil de la direction des finances était l'examen *des cahiers* des provinces. Aussi voit-on Louis XIII, par son réglement du 3 août 1619 (3), *faire,* à cet effet, *département* des provinces du royaume aux membres de ce conseil.

---

(1) *Réglemens du conseil,* manuscrits de la bibliothèque du cabinet du Roi, page 629.

(2) *Ibid.*, page 685.

(3) *Ibid.*, page 761.

Un autre réglement, du 16 juin 1644, porte(1) : « *Au conseil de direction des mercredi et samedi se rapporteront les affaires des particuliers avec les traitans, et des particuliers avec le roi.* » Tout le reste démontre qu'il ne s'agit encore là que des affaires du contentieux administratif.

Enfin, Louis XIV, ayant définitivement supprimé la charge de surintendant des finances lors de la fameuse disgrace de Fouquet, réorganisa, par un réglement du 15 septembre 1661, ce qui tenait aux finances dans le conseil. Il créa un *conseil royal des finances,* dont il se réserva la présidence, et qui devait connaître de la haute administration des finances. Ainsi, pour ne parler que de ce qui concerne les domaines, on y voit que les conditions des baux, les adjudications, les comptes des recettes ne pouvaient être arrêtés que dans ce conseil. Le même réglement maintient le conseil de direction des finances, qui se divisait en petite et grande directions, et il en fixe ainsi les attributions (2) : « Particulièrement *pour examiner tous les moyens d'augmenter les revenus ordinaires de Sa Majesté,* diminuer et oster, s'il se peut, toutes les causes des *diminutions des fermes,* et des non-valeurs des recettes générales; et pour tenir soigneusement la main à ce que *le recouvrement desdites impositions* soit fait dans le temps prescrit par les ordonnances, en sorte que *les dépenses* que

---

(1) *Réglemens du conseil,* manuscrits de la bibliothèque du cabinet du Roi, page 977.

(2) *Ibid.*, page 1053.

» Sa Majesté assignera sur lesdites impositions *soient ponc-* » *tuellement payées et acquittées.* » Et il ajoute : « Toutes les » affaires qui seront examinées dans les *petites directions*, » seront ensuite rapportées dans les *grandes directions*, pour » y estre résolues en la forme accoutumée et qui a esté » jusques à présent. »

Nous croyons inutile d'ajouter différens détails sur la composition de la grande et de la petite direction des finances. Il nous semble évident que les actes que nous venons de parcourir suffisent pour établir que cette section du conseil n'avait pas plus que le conseil lui-même le droit de juger les questions de propriété domaniale.

Et qu'on ne dise pas qu'à cette époque la distinction entre les *questions de propriété* et les autres questions n'était pas bien établie. Ce serait-là une erreur que réfuteraient une foule de monumens judiciaires. Et n'avons-nous pas vu, dès 1363, une ordonnance déclarer expressément qu'au parlement seul étaient attribuées CAUSÆ PROPRIETATIS NOSTRI PATRIMONII (1) ! Ne voyons nous pas tous les anciens auteurs attester cette juridiction exclusive pour ce qu'ils nomment si énergiquement le FONDS DU DOMAINE !

Inspecteurs généraux du domaine.

Parlons maintenant des inspecteurs généraux du domaine.

Leurs fonctions étaient exercées primitivement par les contrôleurs généraux du domaine créés par édit

(1) Ordonnances des Rois de France, tome III, page 651.

d'octobre 1581. Ces derniers étaient chargés de diverses fonctions d'administration tenant à la recherche des domaines usurpés. Ainsi, ils devaient faire dresser des papiers terriers, se faire représenter les actes de foi et hommage et autres, faire réarpenter les domaines, recevoir les révélations, vérifier les comptes des receveurs, &c. Les découvertes des usurpations étant faites, les contrôleurs généraux du domaine devaient en avertir les trésoriers généraux de France, et c'étaient ces derniers, constitués comme nous l'avons dit en juridiction ordinaire, qui faisaient pratiquer les saisies et jugeaient les procès en premier ressort. Les contrôleurs généraux n'avaient séance avec les trésoriers généraux que pour leur rendre compte de leurs opérations.

Les offices de contrôleurs généraux du domaine, supprimés en 1669, furent rétablis par édit de décembre 1689. Leurs attributions furent un peu étendues, mais restèrent de la même nature. Ainsi, il fut donné à ceux des provinces entrée et séance dans les bureaux des finances et tous siéges connaissant des domaines, et à ceux de la généralité de Paris, *entrée, séance et parole* à la chambre du trésor et dans les bureaux des commissaires du conseil qui s'occupaient d'affaires concernant les domaines. Ils eurent le droit d'entrer dans les archives et de lever tous extraits nécessaires. Mais, en même temps, ils étaient chargés de contrôler les quittances comptables données aux fermiers des domaines, celles données aux adjudicataires des bois, les actes translatifs de propriété des héritages mouvans des domaines royaux, d'assister aux scellés, aux adjudications des bois, &c. Ces dernières fonctions, qui étaient les principales, montrent assez que les nouveaux contrôleurs généraux du domaine n'étaient, pas plus que les anciens, des *officiers dn ministère public ;* ce qui, d'ailleurs, est d'autant plus manifeste qu'auprès de ces divers siéges, dans lesquels ils étaient admis (bureaux des finances, chambre du trésor), il existait, comme nous l'avons vu, de véritables officiers du ministère public.

Il est inutile de vous entretenir d'inspecteurs généraux des domaines créés en 1708 dans chaque généralité, et supprimés en 1710 et 1715 : leurs fonctions n'avaient aucun rapport avec celles dont il s'agit ici.

Les inspecteurs généraux du domaine dont nous nous occupons n'ont jamais été créés en titre d'office par un édit général ; ils n'ont existé que pour Paris, où ils ont été deux, trois, ou quatre, suivant le nombre des affaires. C'étaient des avocats au parlement choisis à cause de leurs lumières. Leur titre n'était qu'une simple commission donnée par arrêt du conseil. Ils ne prêtaient serment ni au conseil, ni au parlement, mais seulement à la chambre des comptes. C'en est assez sans doute pour démontrer que ce n'étaient pas là non plus des *officiers du ministère public.*

Voici, au surplus, l'acte de nomination du premier

d'entre eux, le sieur Magneux (depuis les autres commissions n'ont fait que se référer à celle-là (1)) : « Le Roi, ayant, par édit du présent mois de mai, supprimé » l'un des deux offices de contrôleurs généraux de ses do- » maines créés en la généralité de Paris, par édit du mois » de décembre 1689, et ordonné par ce même édit que le » pourveu de l'autre office de son conseiller contrôleur » général des domaines et bois dans ladite généralité en » fera seul les fonctions et contrôlera les quittances et actes » sujets audit contrôle; et renfermé les fonctions dudit » office subsistant audit contrôle seulement; et s'estant ré- » servé de commettre pour la deffense des droits du do- » maine, dans les causes qui le concernent et qui sont » portées en ses conseils, telles personnes qu'il lui plairoit » choisir; et Sa Majesté étant informée de la capacité et » de l'expérience du sieur Magneux, avocat au parlement, » ouy le rapport : Sa Majesté étant en son conseil, de l'avis » de M. le duc d'Orléans régent, a commis et commet ledit » sieur Magneux pour poursuivre et défendre toutes les » affaires qui concernent le domaine de la couronne et » qui sont portées aux différens conseils de Sa Majesté, et » ce sous le titre et qualité d'inspecteur général dudit do- » maine; Ordonne Sa Majesté que ledit sieur Magneux » aura entrée et séance au bureau des commissaires de son » conseil pour les affaires de son domaine, tout ainsi que » les contrôleurs généraux de ses domaines créés par ledit » édit du mois de décembre 1689 avoient aux termes » dudit édit; qu'il sera entendu audit bureau lorsqu'il le » requérera, et qu'il aura l'entrée libre dans les archives de » Sa Majesté, pour y prendre communication des titres, » même en pourra lever des extraits quand il sera besoin, » lesquels lui seront délivrés sans frais. »

---

(1) Archives du royaume, *section administrative.*

Nous le répétons, ce n'est pas là un officier du ministère public. La défense qui lui est donnée des affaires du domaine portées au conseil n'est pas la défense de cette *propriété*, de ce *fonds du domaine*, sur lesquels nous avons vu d'Aguesseau poser si nettement les vrais principes. On n'en peut douter; car cette commission, de même que celle qui huit jours après a été donnée au sieur Poilly, autre avocat au parlement, est signée D'AGUESSEAU.

Ce grand magistrat, que nous ne citerons jamais trop, disait (1) : « Le roi n'est jamais présumé avoir » été partie dans un procès, à moins qu'il n'y ait été dé» fendu par l'officier qui est chargé de sa défense dans » le genre d'affaires dont il s'agit et dans le tribunal qui a » droit d'en connoître.

» Ainsi, dans une matière d'aydes et de gabelles ou » d'autres impositions semblables, le roi est défendu à la » cour des aydes par celui qui exerce l'office public dans » cette cour : on peut dire alors véritablement que le roi » a été partie.

» Ainsi, quand il s'agit *du fonds du domaine* de la cou» ronne, quand le roi est défendu en la cour par son pro» cureur général, on est vraiment dans le cas où l'on a » droit de soutenir que le roi a été partie.

» Mais si l'on renverse l'ordre naturel des choses, et » que l'on porte, par abus ou par erreur, au grand conseil » une matière d'aydes ou de domaines, on ne peut pas » dire alors que le roi ait été véritablement partie; parce » que le roi n'étant jamais partie par lui-même, et ne » pouvant l'être que par ses défenseurs, chacun dans

---

(1) D'Aguesseau, *troisième requête*, tome VI, page 410.

» ce qui est de son ressort, il est vrai de dire que le roi » n'ayant pas été partie par l'officier *par lequel seul* il le » pouvoit être, il ne l'a été en aucune manière, et que sa » cause, défendue par un officier sans pouvoir, demeure » toujours tout entière. »

D'Aguesseau parlait ainsi du procureur général au grand conseil, qui cependant était un véritable officier du ministère public. Que n'eût-il pas dit à l'égard d'un inspecteur général du domaine!

La mission des inspecteurs généraux du domaine se bornait à l'intérêt financier de l'État. S'ils agissaient seuls, leur action n'avait pour objet que le contentieux administratif qui leur était confié. S'ils assistaient les fermiers du domaine, cette intervention ne tendait qu'à soutenir ces fermiers dans l'exercice du droit qu'ils avaient de demander la réunion, dans l'intérêt de leurs baux. Aussi voyons-nous M. Fréteau, dans tous les dires et mémoires qu'il a faits dans l'instance au conseil relative au comté de Vertus, conclure toujours et uniquement *dans l'intérêt des fermiers du domaine*, et indiquer même, d'une manière bien claire, le caractère de son intervention par ces paroles de son dire avant l'arrêt d'instruction de 1754: « *Les fermiers du domaine* de » Sa Majesté se trouveroient privés tout à la fois et du revenu de ces terres, qui monte à plus de 40,000 livres de rente, » et des droits de rachat et autres droits seigneuriaux..... » Cette situation est d'autant plus critique, que *l'on est à la* » *veille d'un renouvellement des fermes du domaine*, au moyen » de quoi la décision qui sera rendue à ce sujet *peut influer* » *beaucoup pour en accroître ou en diminuer le prix.* »

Ceci, vous le voyez, Messieurs, nous ramène à une

vérité déjà établie. Quels que soient les termes de l'arrêt de 1779, il n'a pas jugé le fonds du domaine, c'est-à-dire la question de propriété par rapport à l'*État*. On pourrait tout au plus soutenir qu'il l'a jugée par rapport au *fermier*. Quant à l'*État*, rien ne pouvait être jugé que par le parlement, et avec le procureur général, seul contradicteur légitime en matière domaniale. Mais vous vous rappelez que nous avons même prouvé que la question jugée n'était réellement, sous aucun rapport, celle de la *propriété*.

IV.e PROPOSITION.
—
En fait, le procès est resté pendant au parlement et n'a pas été évoqué au conseil.

C'en serait sans doute assez; mais nous devons compléter la démonstration par une observation de la plus haute importance, et qui forme notre quatrième proposition. En fait, le procès de domanialité et de propriété est toujours resté pendant au parlement de Paris, et n'a jamais été évoqué au conseil.

Détruisons d'abord des équivoques dans lesquelles on est tombé de part et d'autre.

Erreur des héritiers Soubise.

On nous présente (page 19 du mémoire des héritiers de Soubise) l'ordonnance de 1737 comme autorisant, au gré de la volonté royale, l'évocation *au grand conseil* de toute affaire ressortissant au parlement de Paris.

Ce que nous avons déjà dit du *grand conseil* montre que l'on est encore tombé ici dans la même confusion. Quelles conséquences à tirer pour le *conseil du roi* et sa compétence, de ce qui concerne le *grand conseil*, tribunal qui n'avait aucun rapport avec lui?

Mais il y a plus, et ce qu'on fait dire à l'ordonnance de 1737, relativement au *grand conseil* lui-même, est la plus étrange erreur.

L'article 33 dont on parle est relatif aux évocations pour parentés ou alliances, renvois semblables à ceux que nous avons aujourd'hui pour la même cause, d'après les articles 368 et suivans du Code de procédure civile.

Or, il n'est d'abord pas vrai que ces évocations pussent toujours avoir lieu *par la volonté royale pour grandes et importantes considérations*. C'était un véritable procès entre parties; il s'instruisait entre l'*évoquant* et l'*évoqué*, et se portait *au conseil des parties* lorsqu'il s'agissait de cours souveraines, de même qu'aujourd'hui les réglemens de juges entre les cours royales se portent à la cour de cassation. L'ordonnance de 1737 spécifie les motifs de ces évocations; elle limite les cas d'après des règles fixes.

Mais cet article 33 ne règle pas seulement les évocations du parlement de Paris au grand conseil, comme on semble le dire, mais les évocations de tous les parlemens entre eux. Ainsi, d'après cet article, une affaire évoquée au parlement de Rouen est renvoyée au parlement de Bretagne; du parlement de Bordeaux au parlement de Toulouse &c. Quant aux affaires évoquées du parlement de Paris, elles ne sont pas seulement renvoyées au grand conseil, mais aussi au parlement de Rouen. Et enfin, les affaires évoquées du grand conseil lui-même sont renvoyées au parlement de

Paris : réciprocité complète, et rien de plus naturel, puisqu'il s'agissait de deux compagnies souveraines.

Laissons donc encore une fois de côté le *grand conseil :* tout ce qui a été dit à ce sujet n'est que confusion.

Mais voici une autre confusion qui se trouve dans les mémoires de l'administration des domaines. Erreur du domaine.

On y prétend que c'est sur une requête en évocation du prince de Soubise que la connaissance de la contestation fut attribuée au conseil par les deux arrêts d'instruction du 14 octobre 1752 et du 17 décembre 1754; et l'on argumente de l'article 16 du titre 1.er de l'ordonnance d'août 1669 et de l'art. 22 du titre 1.er de l'ordonnance d'août 1737, qui portent que les affaires concernant le domaine ne peuvent pas être évoquées, pour soutenir que le conseil se trouvait illégalement saisi en 1779. Rien de tout cela n'est exact.

D'abord, les articles cités des ordonnances de 1669 et de 1737 ne sont relatifs qu'aux évocations d'un tribunal à un autre pour cause de parenté ou d'alliance. Ainsi, les causes du domaine portées devant tel parlement ne pouvaient pas être évoquées devant tel autre, pour cause de parenté et alliance : voilà tout ce qui résulte des articles indiqués.

Mais l'observation de l'administration des domaines est de tous points erronée; car il n'est pas du tout vrai que ce fût *par évocation* que le conseil d'état ait été saisi, en 1779, de la contestation relative au comté

G

de Vertus ; et c'est précisément là le point important que nous voulions fixer.

La requête en évocation présentée au conseil par le prince de Soubise n'avait pour objet, ainsi que nous avons eu soin de l'établir dans le récit des faits, que les poursuites entamées à la requête du receveur général et du fermier des domaines de Bretagne devant la juridiction royale de Saint-Brieux, et l'opposition formée à la requête du procureur du roi au présidial de Nantes relativement à la terre de Clisson. Lorsqu'ensuite l'inspecteur général du domaine lia à cette cause celle du comté de Vertus, ni lui, ni le prince de Soubise ne requirent l'évocation de l'instance appointée au parlement. Jamais cette instance ne fut évoquée : elle ne le fut ni par les arrêts d'instruction de 1752 et de 1754, ni par l'arrêt de 1779.

Il y a plus : il existe au procès la preuve que l'on considérait cette instance comme subsistant tout entière malgré celles portées au conseil. Ne vous rappelez-vous pas, en effet, ces lettres-patentes de 1728 obtenues par le comte de Toulouse ! Elles répètent trois fois que, malgré l'instance introduite au conseil à la requête du fermier Bordet et terminée par l'arrêt du conseil de 1695, la *demande en réunion formée par le procureur général devant le parlement de Paris* ***DEMEURE APPOINTÉE DEVANT CETTE COUR.***

La clause relative à l'enregistrement porte même que le parlement devra procéder à cet enregistrement, *nonobstant la demande en réunion appointée devant lui par les arrêts de 1533 et 1567.* Rien de plus certain donc que ce point de fait.

Ajoutons que, si l'on s'est ainsi abstenu, en 1695 et en 1779, d'évoquer l'instance pendante au parlement, il ne faut pas croire que ce fut par ignorance de l'existence de cette contestation. Les deux arrêts du conseil de 1695 et 1779 visent les arrêts du parlement de 1533 et 1567, et les analysent bien comme des arrêts d'appointement en droit : les parties les produisaient, et leurs mémoires en parlent à chaque instant dans le même sens.

Le fait ainsi fixé, la conséquence est facile. Le conseil n'a pas jugé ce qu'il n'a pas évoqué, ce dont le parlement est resté saisi, c'est-à-dire la *question de la propriété*, le *fonds du domaine.*

V.e PROPOSITI
—
En droi l'évocati n'étai pas possi

Non seulement le conseil n'a pas évoqué en fait, mais en droit, il ne le pouvait pas.

Il y avait deux sortes d'évocations, celles *de justice* et celles *de grâce.*

Évocati de justi

Il ne pouvait être question ici de l'évocation de justice, qui n'était autre que celle pour *parenté et alliance* dont nous avons déjà parlé, et qui constituait un procès particulier semblable à ceux que nous voyons encore pour les mêmes motifs.

Évocati de grâc

Quant aux évocations de grâce, elles étaient générales ou particulières.

C'est aux évocations générales que s'applique l'article ..er de l'ordonnance d'août 1737 (conforme

G*

d'ailleurs à l'article 1.er de l'ordonnance d'août 1669), qui déclare qu'elles ne seront accordées que (1) *pour très-grandes et importantes considérations qui auront été jugées telles par le roi en son conseil.* Ce texte indique assez la volonté, d'ailleurs si bien manifestée dans le surplus comme dans le préambule de ces deux ordonnances, de restreindre autant que possible les évocations.

Mais c'est à toutes les évocations de grâce, générales ou particulières, que s'applique l'article 97 de l'édit d'Henri III, de mai 1579, ainsi conçu (2): « Nous avons déclaré et déclarons que nous n'entendons » d'oresnavant bailler aucunes lettres d'évocation, soit » générales ou particulières, de nostre propre mouvement: » ains voulons que les requestes de ceux qui poursuivront » lesdites évocations soient rapportées en nostre conseil » privé par les maistres des requestes ordinaires de nostre » hotel, qui seront en quartier, pour y être jugées suivant » les édicts de la Bourdaisière et de Chanteloup, et autres » édicts depuis faicts par nos prédécesseurs rois et par nous, » et où lesdites requestes tendantes à évocation se trouve- » roient raisonnables, parties ouyes, et avec connoissance de » cause, lesdites lettres seront octroyées, et non autrement; » et seront toutes évocations signées par l'un de nos secrétaires » d'estat ou de nos finances, qui aura reçu les expéditions, » lorsque lesdites évocations auront esté délibérées : décla- » rant les évocations qui seront par cy-après obtenues contre » les formes susdites, nulles et de nul effet et valeur, et » nonobstant icelles voulons estre passé outre à l'instruction

(1) Code Louis XV, tome IX, page 2.

(2) Recueil de Néron, 1720, tome I, page 562.

» et jugement des procez par les juges dont ils auront esté » évoquez. » Cette disposition qui, comme on le voit, n'était que la reproduction de dispositions précédentes, a été répétée mot pour mot dans l'ordonnance de Louis XIV, d'octobre 1648 (article 14) (1).

Toute évocation de grâce devait donc être expresse. Aussi les auteurs nous disent-ils qu'il fallait ou des lettres-patentes, ou un arrêt du conseil, qui la prononçassent, soit qu'elle fût accordée sur la demande d'une partie, soit qu'elle le fût du propre mouvement du roi. Ils nous disent, en même temps, que, dans l'un et l'autre cas, l'acte de la volonté royale qui prononçait l'évocation était susceptible d'opposition, s'il avait été rendu sans le concours de la partie intéressée.

Un de ces réglemens du conseil dont nous avons parlé (actes qui ne peuvent pas être récusés ici), le réglement du 3 janvier 1673, porte, article 76 (2) : « Le conseil ne connoîtra d'aucune affaire qui sera de la » compétence des cours pour les juger au fond, si ce n'est » par un ordre exprès de Sa Majesté. » Voilà encore une fois la prohibition.

Or, dans l'espèce, aucune évocation demandée, aucune évocation prononcée : ce fait suffirait à lui seul. La question du *fonds du domaine*, la question de propriété est restée tout entière devant le parlement de Paris. L'instance introduite au conseil n'y a porté

---

(1) Recueil de Néron, 1720, tome II, page 22.

(2) Bornier, *Conférence des nouvelles ordonnanees*, 1703, page 522.

aucun préjudice; la question est donc encore entière aujourd'hui.

Mais pourquoi, en 1695 et en 1779, les possesseurs de Vertus, qui prétendaient à *la pleine-propriété*, n'ont-ils pas demandé l'évocation? Sans doute, ce n'est pas que le prince de Soubise manquât de la puissance nécessaire pour obtenir cette faveur! Ce n'est pas non plus qu'il fût sans intérêt pour lui de n'avoir qu'un procès au lieu de deux. Le motif, le voici : l'évocation n'était pas possible.

Le principe de la juridiction du parlement en matière domaniale était tellement impérieux, que toutes les règles ordinaires des évocations pour parentés et alliances et des *committimus* tombaient devant lui. C'est ce que nous dit encore d'Aguesseau (1) : « Les causes du domaine ne peuvent jamais être évoquées, » et le droit du roi l'emporte toujours, et en toute sorte » d'occasions, sur tout autre privilége.

» L'ordonnance de 1669 qui a renouvellé cette maxime » dans l'article XVI du titre des évocations n'est que la » répétition et la suite naturelle des anciennes ordonnances » que l'on vient d'expliquer et de l'usage inviolable qui » en a affermi perpétuellement l'autorité.

» De là vient que le privilége du *committimus* cesse ab» solument en cette matière et que, par la déclaration de » l'année 1543, touchant la juridiction de la chambre du » trésor, le roi François I.er a fait des défenses expresses » aux requêtes du palais de connoître de toutes les causes » où il s'agiroit des droits de propriété du domaine du roi.

---

(1) D'Aguesseau, *troisième requête*, tome VI, page 401.

» De là vient, pour remonter encore plus haut, que, » lorsqu'il fut question, en l'année 1465, de régler le ressort » du comté-pairie d'Eu et de déroger au traité de Saint-» Maur, où le roi Louis XI avoit été contraint d'accorder » à l'échiquier de Normandie le ressort de ce comté, ce » prince s'explique en ces termes, dont il est facile de » faire l'application au domaine de la couronne, puisque, » comme on l'a déjà remarqué, ce qui a lieu pour les » pairies a lieu, à plus forte raison, pour le domaine » du roi, dont elles sont les plus nobles dépendances: » *Nous vous mandons*, dit le roi Louis XI, *à vous gens de » notredit échiquier, que contre ni au préjudice des droits de » ladite pairie de France, voir desdites causes et matières tou-» chant notredit cousin et sesdits sujets du comté d'Eu, ne » teniez ni entrepreniez aucune cour et jurisdiction; et en outre » mandons à vous gens de notredit parlement à Paris que » les causes et matières en quelqu'état qu'elles soient, qui, » au préjudice des droits et prérogatives de la pairie, auroient » été introduites et seroient pendantes autre part que en notre » dite cour de parlement, vous évoquiez par devant vous en » notre dite cour, &c.*

» Ainsi, d'un côté, ce roi fait défenses à l'échiquier de » Normandie de connoître des causes de la pairie d'Eu, » et, de l'autre, il enjoint au parlement d'en prendre con-» noissance et de les évoquer en quelque tribunal qu'elles » soient pendantes : d'où l'on peut conclure qu'il n'est » pas même libre au parlement de se dépouiller de la con-» noissance directe des causes qui regardent les pairies et » encore moins de celles du domaine du roi, les pairies » n'ayant ce privilége que par l'honneur qu'elles ont d'ap-» procher de fort près de la dignité du domaine de la » couronne, dont elles sont regardées comme une éma-» nation. »

Et voici, en effet, Messieurs, le texte de l'ordonnance d'août 1669 (1) (art. 16 du tit. Ier *des évocations*) : « Les affaires concernant notre domaine ne pourront pareil- » lement être évoquées. » (Il s'agit là des évocations pour parenté et alliance). (Puis, art. 25 du tit. IV *des committimus*) : « Les causes et procès *concernant notre domaine*, » ceux où *nos procureurs seront seules parties*, ne pourront être » évoqués des siéges ordinaires en vertu des *committimus.* » L'ordonnance d'août 1737 porte (art. 22 du tit. Ier *des évocations*) (2) : « Les affaires *concernant notre domaine* » ne pourront être évoquées, ni pareillement celles des pairies » où il s'agira du titre ou de la propriété de la pairie, ou des » droits qui en dépendent, quand *le fonds desdits droits sera* » *contesté.* »

Si les causes domaniales étaient au-dessus même de l'évocation de justice, à combien plus forte raison étaient-elles au-dessus de la simple évocation de grâce. La première reposait sur un *droit;* et ce droit tombait devant un droit prééminent. La seconde ne reposait que sur la *faveur;* et elle eût prévalu sur un droit qui tenait aux bases de la monarchie, et marchait avant les pairies mêmes ! Cela est impossible.

Ces principes sont ceux que professe Tolozan, dont on a invoqué l'autorité (3) : « En général, les évo- » cations de grâce sont regardées comme moins favorables » que les évocations de justice : ainsi, lorsque le roi a excepté » quelque matière des évocations de justice, la loi qui con- » tient ces exceptions s'applique d'elle-même aux évocations

---

(1) Sallé, *Esprit des ordonnances de Louis XIV*, t. I, pag. 608 et 661.

(2) Code Louis XV, tome IX, page 6.

(3) Tolozan, *Réglement du conseil*, page 36.

» de grâce qui ne doivent pas avoir plus d'étendue que l'évo-» cation de justice, et qui doivent au contraire être traitées » avec plus de rigueur. » Or, rien de plus clair que la prohibition de l'évocation de justice pour les affaires concernant la propriété du domaine.

Ainsi, Messieurs, le fait est ici d'accord avec le droit. En droit, le parlement était le juge naturel, et même le juge exclusif du domaine; c'est ce que nous avons établi de la manière la plus positive. En fait, le parlement a été constitué le juge du procès relatif à la domanialité de Vertus, et il n'en a pas été dessaisi. En droit, le conseil n'était juge des différens en matière domaniale qu'au tant qu'ils tenaient à l'administration, aux finances; c'est encore un point démontré. En fait, aucune évocation n'a saisi le conseil du procès appointé devant le parlement de Paris. Nous le répétons, les conséquences sont claires et faciles. En fait comme en droit, l'instance au conseil était autre que l'instance au parlement. La question de propriété est restée entière : aucune fin de non-recevoir à tirer de l'arrêt du conseil du 6 juillet 1779.

VI.e PROPOSITION. — L'exception de la chose jugée n'était pas admise contre le domaine. Anciens principes.

Abordons maintenant, Messieurs, notre dernière proposition (que nous considérons toutefois comme surabondante).

Le domaine de la couronne, d'après les anciens principes de la monarchie, était environné de priviléges qui le mettaient en dehors de presque toutes les règles reçues.

Son inaliénabilité était une des lois fondamentales du royaume : les rois la juraient à leur sacre. Sauf les exceptions légales, le domaine était hors du commerce, comme un objet sacré ; les rois n'en avaient que la jouissance, comme de la couronne elle-même, sous la loi d'un fidéï-commis perpétuel.

De ce principe, dont l'importance tenait à des causes que nous n'avons pas le temps d'expliquer ici, résultaient plusieurs conséquences : point de prescription contre le domaine; point d'exception de la chose jugée.

Et il ne faut pas croire, comme on le dit dans le mémoire des héritiers de Soubise (où l'on cite des ordonnances qui n'ont aucun rapport à la question), il ne faut pas croire que ce fut seulement aux arrêts du conseil *de propre mouvement* que l'autorité de la chose jugée fût refusée en matière domaniale; elle était refusée même aux arrêts contradictoires, et non-seulement à ceux qui avaient été rendus par un tribunal incompétent, mais aussi à ceux qui l'avaient été par un tribunal compétent. Ainsi, en cette matière, les parlemens eux-mêmes ne faisaient pas difficulté de rétracter leurs propres arrêts rendus avec le ministère public, toutes les fois que le ministère public venait à leur montrer que des faits avaient été ignorés, ou que des pièces recouvrées depuis n'avaient pas été produites : et pour arriver à cette rétractation, il n'était même pas nécessaire d'employer la forme de la requête civile, quoique cette forme ait été prise quelquefois.

Tout cela nous est attesté par une foule d'autorités, et notamment par *ce traité du domaine* et *ce dictionnaire du domaine* dont on a parlé.

Ces principes avaient passé dans la legislation elle-même; car le réglement du conseil du 28 juin 1738 déclare formellement (article 16 du titre IV) (1) qu'il n'y a pas de délai pour le pourvoi en cassation dans les causes domaniales; et l'ordonnance d'avril 1667 ne les comprend pas parmi celles qui sont assujéties à un délai pour la requête civile.

L'exception de la chose jugée ne pouvait donc pas être opposée en matière domaniale. Et cela reposait sur ce principe que, hors des exceptions légales à la règle de l'inaliénabilité, le domaine ne pouvait pas plus être aliéné par un jugement, qu'autrement.

Ainsi, lors même qu'on considérerait l'arrêt du conseil de 1779 comme ayant voulu et pu juger la question de propriété relative au comté de Vertus, il n'en serait pas résulté, sous l'ancien état de choses, de fin de non-recevoir contre une demande nouvelle ayant le même caractère, celui de *revendication pour cause de réversion par l'échéance de la condition.* A combien plus forte raison la fin de non-recevoir ne peut-elle pas résulter de cet arrêt, contre la demande, toute différente, exercée aujourd'hui en vertu de la *révocation prononcée par la loi du 14 ventôse an 7!*

La règle qu'il n'y avait pas *d'exception de chose jugée*

(1) Code Louis XV, tome X, page 38.

contre le domaine s'appliquait même aux arrêts du parlement. Combien aurait-elle été plus forte encore contre des arrêts du conseil !

Cette ancienne règle avait subsisté, même depuis l'ordonnance de 1667, dont les articles 34 et 35 portent qu'il y a ouverture à requête civile dans les causes qui concernent le roi, à défaut de communication au ministère pnblic, et dans les procès touchant les droits de la couronne ou du domaine qui auraient été appointés, si, avant le jugement, le procureur général n'a pas été mandé à la chambre du conseil pour déclarer s'il n'avait pas d'autres pièces et moyens. En effet, malgré cette indication de certains cas précis de requête civile, on ne considérait pas moins les jugemens concernant le domaine comme susceptibles de rétractation, même hors des cas comme des formes de la requête civile.

Lois nouvelles. Mais on s'est efforcé, dans l'intérêt des héritiers de Soubise, d'établir que, depuis les lois nouvelles, l'ancienne règle ne pouvait plus être invoquée.

L'article 13 de la loi du 1.er décembre 1790, relative à la révocation des aliénations du domaine, porte effectivement : « Aucun laps de temps, aucune fin de non-» recevoir ou exception, *excepté celles résultant de l'autorité* » *de la chose jugée*, ne peuvent couvrir l'irrégularité connue » et bien prouvée des aliénations faites sans le consentement » de la nation. »

Mais il faut remarquer que les articles 6 et 8 de la loi du 10 frimaire an 2, sur le même objet, loin de reproduire l'exception de la chose jugée au nombre de celles qu'ils admettent, semblent au contraire l'exclure positivement. Le premier porte : « *Il ne pourra être opposé » aucune exception que celles mentionnées aux articles précé- » dents* » Et l'art. 8 : « ..... *sauf les exceptions portées par » les articles 3 et 5,* quand bien même les détenteurs auroient » satisfait aux formalités et fait les déclarations prescrites » par *les précédentes lois qui établissoient des exceptions.* » Or, ni dans les articles 3 et 5, ni dans les articles précédens, on ne voit figurer l'exception de la chose jugée.

La loi du 14 ventôse (art. 5) mentionne aussi les seules exceptions qu'elle admette, et l'on n'y rencontre pas davantage celle de la chose jugée.

Cette observation est d'autant plus grave, que ces deux lois abrogent formellement celle du 1.er décembre 1790. La loi du 10 frimaire an 2, à son paragraphe II, intitulé *Dérogation des lois anciennes,* porte, art. 52 : « Les comités des domaines et des finances sont chargés de » présenter incessamment un projet de loi relatif aux » échanges consommés et aux dispositions de *la loi du 1.er dé- » cembre 1790,* relatives aux échanges qui seront susceptibles » d'être révoqués. » Et art. 53 : « *Toutes les lois relatives » aux domaines aliénés* ou engagés, et la liquidation de » leurs finances, *sont révoquées;* les contestations indécises » seront instruites et jugées *ainsi qu'il est prescrit par le » présent décret.* » La loi du 14 ventôse an 7 (art. 36) porte : « *Les précédentes lois sont abrogées en ce qu'elles ont » de contraire à la présente.* »

Il semblerait donc que, malgré les expressions de

la loi du 1.er décembre 1790, l'ancienne règle, qui excluait l'exception de la chose jugée, aurait conservé tout son empire par l'effet des lois subséquentes.

Au surplus, quelque opinion qu'on puisse se faire sur cette question, ce qui est évident, c'est que la loi du 1.er décembre 1790, lorsqu'elle a parlé de la *chose jugée*, n'a entendu parler que de la chose jugée *par les tribunaux*. C'est d'abord ce qui résulte de la nature même de ses expressions et de son esprit. C'est ensuite ce que démontrent plusieurs lois de 1791 et années suivantes, qui ont annulé diverses concessions de domaines de l'État, bien qu'elles eussent été maintenues par des arrêts contradictoires du conseil.

Application. Ainsi, plusieurs domaines situés en Alsace avaient été donnés au cardinal Mazarin, par lettres-patentes du mois de décembre 1659. En 1791, le comité des domaines s'occupa de cette donation. Il pensa qu'elle devait être annulée et révoquée. Le rapporteur, M. Geoffroy, fit un rapport dans ce sens, à l'assemblée constituante. Sur ce rapport, le duc de Valentinois, représentant du chef de sa femme le cardinal Mazarin, fit paraître un mémoire dans lequel, rappelant trois contestations que l'héritier immédiat du cardinal avait gagnées au conseil, il invoqua l'exception de la chose jugée, et soutint que la donation, déclarée irrévocable par ces arrêts du conseil, ne pouvait plus être attaquée d'après l'article 13 de la loi du 1.er décembre 1790. Sur ce mémoire, second rapport au nom du comité des domaines ; on y lit ce qui suit (1) : « Chacun sait que le conseil du roi n'avait, » en matière de domaine, qu'un pouvoir d'administration. » Chacun sait que le contentieux de cette partie, sur la de- » mande des états de Blois de 1579, avait été rendu aux par- » lemens, seuls juges compétens. Toutes les fois donc que le » conseil s'est permis de juger des contestations domaniales, » il a usurpé une juridiction qu'il n'avait pas ; il s'est at- » tribué une autorité qui avait été déléguée à d'autres cours » par les lois du royaume : or, comme il ne peut exister » de plus grand vice dans un jugement que l'incompétence » du tribunal, les arrêts que M. de Valentinois invoque » ne sauraient lui être d'aucune utilité.

Rapport du député Geoffroy.

» Dans l'usage, le conseil lui-même ne regardait pas ses » arrêts comme judiciaires, ni comme opérant l'exception » de la chose jugée.

» Il ne les regardait pas comme judiciaires, car, sans » requête civile, on plaidait devant lui cinq ou six fois de » suite, pour le même fait, avec l'espoir de revenir à la » charge suivant les circonstances.

» Il ne les regardait pas comme opérant l'exception de » de la chose jugée. C'est le sentiment de d'Aguesseau, qui » a fait une étude profonde de la matière.

» Il serait, en effet, étrange que le roi donateur pût, » dans son conseil, rendre irrévocable une donation, » comme juge de son propre fait. Cela implique contradic- » tion aux yeux de tout ami de la justice.

» Une seule de ces diverses remarques suffit pour re- » pousser la fausse application de l'art. 13 de la loi de 1790, » et la prétendue exception de la chose jugée, &c., &c. »

Sur ce rapport, intervint la loi du 14-25 juillet

---

(1) Rapport imprimé par ordre de l'assemblée, pages 6 et 7.

1791, qui porte (article 1.er) : « L'assemblée na-
» tionale annule et révoque la donation faite au cardinal
» Mazarin des ci-devant comtés de Fenette et seigneuries
» de Bedfort, Dille, Thaun, Altkirch et Issenheim, par
» lettres-patentes du mois de décembre 1659, *lesquelles*
» *demeurent aussi révoquées comme tout ce qui s'est ensuivi.* »

Autre exemple, et celui-là personnel au prince de Soubise. Par acte du 3 octobre 1786, le roi avait cédé les domaines utiles de la principauté de Dombes à M. le prince de Guémenée, qui, de son côté, avait cédé au roi, en contr'échange, les fiefs de Lorient et autres biens. Mais, avant cet échange, la propriété de Lorient avait été contestée au prince de Guémenée, par les officiers du domaine, qui avaient soutenu que cette terre faisait partie du domaine de la couronne. Deux arrêts du conseil *contradictoires* étaient intervenus, les 27 octobre 1777 et 15 septembre 1785, en faveur du prince de Guémenée. En 1792, le comité des domaines eut à examiner l'échange de 1786. Il reconnut la domanialité de Lorient; d'où il résultait que le roi n'avait reçu en contr'échange que ce qui lui appartenait déjà : mais on opposait, pour le prince de Guémenée, les arrêts du conseil, la *chose jugée.* Le rapporteur, M. Lebœuf, s'exprime ainsi, au nom du comité : « Avant la loi du 1.er décembre 1790, l'exception
» résultant de l'autorité de la chose jugée n'étoit pas admise
» en matière domaniale..... Ces principes, qui ne sont
» point arbitraires, ont bien plus de force encore lorsqu'il

Rapport du député Lebœuf.

(1) Rapport imprimé par ordre de l'assemblée, page 9.

» s'agit d'un arrêt du conseil, 1.° parce que ce tribunal, si » même c'en étoit un, étoit incompétent en matière domaniale, lorsque la question qui étoit agitée avoit trait à la » propriété; les lois en attribuoient la connoissance d'abord » aux baillifs et sénéchaux, et ensuite aux bureaux des » finances, et par appel à la grand'chambre du parlement; » 2.° parce qu'au conseil il n'y avoit point de ministère » public chargé par les lois de veiller aux intérêts de la » nation; l'inspecteur des domaines n'étoit qu'un agent ad- » nistratif, sans caractère aux yeux de la loi; 3.° parce que le » roi, qui étoit censé juger en personne ou même juger seul » au conseil, ne pouvoit pas prononcer sur la validité d'a- » liénations qui étoient communément son propre ouvrage. » C'est par ces raisons, sans doute, que le conseil lui-même » ne regardoit ses propres arrêts que comme des actes d'ad- » ministration qu'il se donnoit souvent la liberté de ré- » tracter sans formalités, ainsi que l'a parfaitement établi le » rapporteur du comité des domaines dans l'affaire des fiefs » d'Alsace. On ne pense donc pas que l'article 13 du décret » cité puisse s'appliquer aux arrêts du conseil. »

Le 14 — 18 septembre 1792, fut rendue la loi qui porte (article 1.er) : « L'assemblée nationale *révoque* les » traités, vente et échange passés, le 3 octobre 1786, entre » les commissaires du roi, d'une part, Charles de Rohan, » ci-devant prince de Soubise, comme fondé de la procu- » ration de Jules-Hercule de Rohan et de Guémenée, et » Henri-Louis-Marie de Rohan-Guémenée, et *tout ce* » *qui a précédé et suivi*, &c., &c. »

(Article 5) : « La terre de Lorient *n'ayant pas cessé* » *d'appartenir au domaine national* y est *définitivement* » *réunie* pour être administrée comme tous les autres biens » nationaux, &c., &c. »

Mais, Messieurs, ces principes ont reçu, à l'égard Décret spéc des héritiers de Soubise, une autre application qui, cette fois, est dans le procès même qui nous occupe. Vous vous rappelez que, sur les réclamations faites en l'an 10 par la princesse de Rohan-Guémenée, le conseil de préfecture de la Seine s'était déclaré incompétent pour donner un avis, sur le motif que *l'arrêt du conseil du 6 juillet 1779 avait jugé définitivement.* Or, le décret du 12 mars 1811 (que nous avons eu soin de vous lire en entier dans le récit des faits) a annulé l'arrêté du conseil de préfecture, et, déclarant que la question de propriété subsistait tout entière, il en a fait le renvoi devant le tribunal de la situation des biens, aux termes des lois du 14 ventôse an 7 et 3 septembre 1792. Loin de nous, Messieurs, de prétendre que ce décret puisse vous être imposé comme un jugement sur la question que nous agitons; mais on ne peut nier, du moins, que ce ne soit une autorité de plus à l'appui de celles, trop nombreuses peut-être, que nous avons déjà citées.

§ IV. EXAMEN de l'arrêt de la cour de cassation du 22 frimaire an 11.

En terminant, Messieurs, nous devons vous parler de l'arrêt de cassation rendu, le 22 frimaire an 11, dans l'affaire du marais de Ranville. S'il faut en croire les héritiers de Soubise, il serait tout-à-fait contraire aux doctrines que nous venons d'établir.

Nous remarquons, d'abord, que cet arrêt est ancien et isolé: ce n'est point là une jurisprudence. Nous remarquons ensuite qu'il a été rendu dans le seul intérêt de la loi, et par conséquent sans plaidoiries contradictoires. Nous remarquons enfin que plusieurs motifs tout-à-fait étrangers à la question actuelle se réunissaient pour faire prononcer la cassation.

Mais ce qui est bien autrement grave, c'est le fait. Il ne s'agissait pas, dans cette affaire, d'arrêts du conseil qui eussent prononcé sur les droits de l'État *entre l'État et tel particulier*, mais d'arrêts du conseil *entre une commune et un particulier concessionnaire de l'État.* La commune de Ranville prétendait qu'elle était propriétaire du marais concedé au sieur Avenelle. De son côté, celui-ci soutenait la validité de la concession qui lui avait été faite par l'Etat. C'était donc un *débat privé*, qui s'agitait devant le conseil à la suite d'une concession faite par arrêt du conseil. Il est vrai que l'inspecteur général du domaine avait donné son avis sur les conclusions des parties, et qu'il avait pensé avec le sieur Avenelle que le marais était domanial et comme tel avait pu être cédé par l'Etat; mais cela ne changeait pas la nature du débat qui, encore une fois, n'était qu'un *débat privé.* Aussi M. Merlin, qui portait la parole devant la cour de cassation, pose-t-il lui-même ainsi la question, en tête de l'article de ses *Questions de droit* où son plaidoyer est rapporté: « Les arrêts du ci-devant conseil royal des finances rendus » sur des questions de propriété *entre parties entendues con-* » *tradictoirement*, ont-ils l'autorité de la chose jugée ? »

Or, on comprend facilement la compétence du conseil pour les difficultés nées d'une concession qui avait été faite par lui-même. De plus, il n'est pas douteux qu'un arrêt rendu, même par un tribunal incompétent, *entre parties qui ont contradictoirement défendu*, a l'autorité de la chose jugée ; mais il n'en est pas de même à l'égard de l'État.

D'Aguesseau établit parfaitement cette distinction dans une discussion dont nous ne vous citerons que le résumé, qui se lie à une précédente citation (1) : « Deux raisons ôtent souvent toute espérance de retour aux » particuliers qui réclament trop tard l'ordre public, qu'ils » ont violé ; l'une, qu'ils se défendent par eux-mêmes ; » l'autre, qui est une suite de la première, que l'on peut » par conséquent leur imputer la reconnoissance qu'ils ont » faite d'une jurisdiction étrangère.

» Mais il est évident que ni l'une ni l'autre de ces rai- » sons ne peut jamais convenir au roi, &c... »

Nulle identité entre l'espèce jugée par la cour de cassation et celle dont il s'agit ici. Ici, la question de propriété aurait été jugée *envers l'État lui-même!* elle l'aurait été *sans que le procureur général, seul défenseur de l'État, eût été entendu!* elle aurait été jugée *au conseil*, bien qu'elle fût engagée et *appointée devant le parlement!* et sans qu'*aucune évocation, même de fait*, eût existé ! Disons, Messieurs, que la cour de cassation qui, dans le procès du sieur Avenelle contre la commune de Ranville, a déclaré seulement que le conseil *avait juridiction pour prononcer DANS CETTE AFFAIRE*, eût certainement jugé tout autrement pour *l'affaire actuelle*.

---

(1) D'Aguesseau, *troisième requête*, tome VI, page 409.

Jetons, d'ailleurs, les yeux sur les motifs allégués par M. Merlin. Plaidoye de M. Me

Il commence par reconnaître que les ordonnances de 1318, 1320, 1579, 1597 avaient défendu de porter au conseil les contestations *entre particuliers* qui seraient de la compétence des parlemens. Mais, suivant lui, le chef du gouvernement qui avait porté ces lois avait conservé le pouvoir d'y déroger, et l'avait exercé toutes les fois qu'il l'avait jugé à propos. Il ajoute que cet ordre de choses était essentiellement vicieux, si ce n'est aux yeux des personnes pour qui *les abus les plus monstrueux de l'ancien régime sont encore le maximum de la sagesse humaine.*

Loin de nous, Messieurs, de prétendre que l'ancien ordre de choses ne présentât pas des abus ; mais ne le gratifions pas non plus de ceux qu'il n'avait pas. Déjà nous avons répondu au système du libre arbitre du roi pour déroger isolément à la législation générale qu'il avait faite : nous ne reviendrons pas sur ces réponses. Mais quelles preuves M. Merlin donne-t-il de l'exercice de ce prétendu droit? Il cite le fragment rapporté par Guillard du réglement du conseil du 31 mai 1582, puis le préambule de l'édit de septembre 1643, et enfin l'arrêt du conseil du 8 juillet 1661 : voilà ses preuves, ses seules preuves. Or, nous les avons toutes détruites, en montrant quelle était la valeur de ces actes ; et il est resté constant que la juridiction ordinaire était toujours demeurée *l'état légal*, sans qu'aucun édit ni ordonnance en ait révoqué le principe.

M. Merlin cherche aussi à établir, par l'autorité du *nouveau* Denizart et du *Dictionnaire des domaines*, que le conseil des finances n'était pas seulement un bureau d'administration, mais qu'il connaissait des affaires contentieuses concernant le domaine. C'est un point que nous avons concédé et expliqué ; et les deux autorités citées sont loin de démentir nos explications.

Mais M. Merlin invoque deux lois transitoires de l'assemblée constituante : la première du 29 août 1790, sanctionnant deux décrets des 15 et 20 octobre 1789, qui portaient que *le conseil du roi est provisoirement autorisé à continuer ses fonctions comme par le passé, à l'exception des arrêts de propre mouvement et des évocations avec retenue du fond des affaires, lesquels ne pourront plus avoir lieu à compter de ce jour :* la seconde, du 6 juillet 1791, sanctionnant un décret du 27 avril 1791, dont l'article 1.er renvoyait devant les tribunaux récemment organisés *toutes les affaires pendantes au conseil des finances, des dépêches, à la grande direction, à des commissions particulières, et généralement toutes celles qui ne sont pas de la compétence du tribunal de cassation et qui existaient aux diverses sections du conseil et à des commissions, soit par appel, soit par évocation, soit par attribution ;* et dont les articles 2, 3 et 4 présupposent que le conseil évoquait le fond des affaires. Mais, vraiment, quelle conséquence tirer de ces lois ! Sans doute, le conseil du roi jugeait certaines affaires contentieuses ; sans doute il y avait des matières dans lesquelles il évoquait et avait effectivement le droit d'évoquer, comme nous l'avons vu ; mais jugeait-il, et pouvait-il juger valablement les *questions de propriété en matière domaniale!* Ces lois ne disent rien et ne pouvaient rien dire sur ce point, qui est cependant celui du procès.

Rien n'est donc plus fragile que les bases sur lesquelles reposerait l'opinion de M. Merlin si on voulait lui donner assez de généralité pour l'appliquer à l'affaire actuelle. Mais, encore une fois, il n'avait envisagé la question que sous le rapport d'un *débat d'intérêt privé ;* et les expressions que nous rapportions il y a un instant le montrent de nouveau. D'ailleurs, M. Merlin lui-même semble reconnaître, dans son Répertoire, qu'à l'égard du domaine, les arrêts du conseil n'avaient pas l'autorité de la chose jugée ; car il y rapporte (*Domaine public* §. 3) les faits que nous avons cités relativement à la donation Mazarin, et semble adopter le principe de la loi de 1791 qui l'a révoquée malgré les arrêts du conseil. Laissons donc de côté et l'arrêt de cassation du 22 frimaire an 11 et l'autorité de M. Merlin.

En résumé, nous avons démontré, quant aux arrêts du parlement de 1533 et de 1567 et à l'arrêt du conseil de 1695, qu'il n'y a aucune fin de non-recevoir à en tirer ; et quant à l'arrêt du conseil de 1779, 1.° que l'action aujourd'hui exercée par le domaine n'est pas la même que celle sur laquelle a statué cet arrêt; 2.° que le parlement était seul juge des questions de propriété en matière domaniale; et 3.° que, dans l'espèce, le conseil n'a ni pu ni voulu juger la question de propriété domaniale dont le parlement de Paris était saisi : d'où il suit également qu'aucune fin de non-recevoir ne résulte de cet arrêt. Surabondamment, point d'exception de la chose jugée, en matière domaniale.

Nous avons terminé, Messieurs, sur cette première partie qui présentait tant de questions qu'il fallait approfondir.

QUATRIÈME PARTIE. [1]

QUESTIONS DU FOND.

(Audience du mardi 19 décembre 1826.)

MESSIEURS,

Continuant l'examen de cette immense affaire, nous arrivons enfin au fond; et sur-le-champ nous entrons en matière.

Il faut d'abord bien fixer le point de départ et les bases de la discussion.

L'action du domaine, nous l'avons déjà dit, est fondée sur la loi du 14 ventôse an 7. Cette loi, vous le savez, a réglé définitivement la révocation des aliénations du domaine de l'État.

Les dispositions des articles 1, 3 et 4 sont ainsi conçues :

« ART. 1.er Les aliénations du domaine de l'État con- » sommées dans l'ancien territoire de la France avant la

(1) Cette quatrième partie, précipitamment imprimée en janvier 1827, pour être distribuée avant le jour fixé, par une première remise, pour la prononciation de l'arrêt, présentait diverses fautes et omissions. Elle est ici exacte et complète.

» publication de l'édit de février 1566, sans clause de retour » ni réserve de rachat, demeurent confirmées.

» ART. 3. Toutes les aliénations du domaine de l'État » contenant clause de retour ou réserve de rachat, faites » à quelque titre que ce soit, à quelques époques qu'elles » puissent remonter, et en quelque lieu de la république » que les biens soient situés, sont et demeurent définitive- » ment révoquées.

» ART. 4. Toutes autres aliénations, même celles qui » auraient été faites sans clause de retour ou de rachat, » faites et consommées dans l'ancien territoire de la France » postérieurement à l'édit de février 1566, et, dans les pays » réunis, postérieurement aux époques respectives de leur » réunion, sans autorisation des assemblées nationales, sont » et demeurent révoquées, ainsi que les sous-aliénations qui » peuvent les avoir suivies; sauf les exceptions ci-après. » (Les exceptions dont il est question dans les dispositions suivantes sont relatives à des points étrangers à celui qui nous occupe en ce moment.)

En prononçant la révocation que vous venez d'entendre, la loi du 14 ventôse an 7 n'a fait que maintenir le principe établi par la loi précédente du 1.er décembre 1790, dont voici l'article 28 :

« Les dons, concessions et transports à titre gratuit, des » biens et droits domaniaux, faits avec clause de retour à la » couronne, à quelque époque qu'ils puissent remonter, et » tous ceux d'une date postérieure à l'ordonnance de 1566, » quand même la clause du retour y seroit omise, sont et » demeurent révocables à perpétuité, même avant l'expira- » tion du terme auquel la réversion à la couronne auroit été » fixée par le titre primitif. »

Ainsi, pour toutes les aliénations *postérieures* à l'édit

de 1566, *révocation absolue;* pour les aliénations *antérieures* à cet édit, *révocation quand il y a clause de retour ou réserve de rachat.*

L'acte qui a établi la constitution de dot au profit d'Isabelle de France est de 1361 : nous sommes donc dans la seconde catégorie.

Ainsi, deux questions à examiner : Questions.

1.° *LA DOMANIALITÉ* (car l'État ne peut reprendre que ce qui lui a appartenu);

Et 2.° l'*EXISTENCE DE LA CLAUSE DE RETOUR.*

Vertus était-il domanial?

§ I.er DOMANIALITÉ.

Cette question se subdivise en plusieurs parties.

Et, d'abord, vous vous rappelez, Messieurs, que pour établir que Vertus n'était pas domanial on a beaucoup argumenté des lettres d'union du comté de Champagne à la couronne de France. Il faut donc, avant d'aller plus loin, nous fixer sur un point préliminaire : Vertus faisait-il partie du comté de Champagne? En relevait-il? Question préliminaire.

On a reconnu, dans les plaidoiries et dans les mémoires imprimés pour le procès actuel, que c'était de l'ancien comté de Champagne que dépendait et relevait le domaine de Vertus. Ce point avait été contesté par le prince de Soubise dans l'instance introduite autrefois devant le conseil d'état. Néanmoins, dès lors, la difficulté n'avait pas été étendue aux terres de Rosnay, de Moymer et de la Ferté-sur-Aube. On ne contestait pas que ces seigneuries, devenues, par la disposition du roi Jean, des annexes du comté de Vertus, ne dépendissent de l'ancien comté de Champagne. C'était à l'égard de Vertus même que la difficulté avait été élevée.

Or, voici l'historique de ce fief.

Il relevait originairement de l'archevêché de Reims; mais, en l'année 964, il fut cédé à Herbert III comte de Champagne, par l'archevêque de Reims.

En 1195, on voit figurer Vertus parmi les seigneuries sur lesquelles Thibaut V comte de Champagne assigne un douaire à Blanche, sa femme. Une semblable assignation offre une preuve bien évidente de propriété.

En 1285, Vertus est porté au nombre des domaines dont il est rendu compte à Philippe-le-Bel, devenu roi de Navarre et comte de Champagne, par sa femme Jeanne de Navarre: (le royaume de Navarre et le comté de Champagne étaient transmissibles aux filles). Voici en quels termes nous avons trouvé ce compte rapporté par Brussel (1): « Prévotez de » Champagne et de Brie, dont il est compté à Philippe-le-» Bel, roi de Navarre et comte de Champagne (Philippe-le-Bel n'était pas encore roi de France; il ne le devint que le 5 octobre 1285), « pour sept mois finissans le » dimanche devant la feste de la Madelaine, en l'an 1285, » par Rénier Acorre, receveur général de la terre de Cham-» pagne et de Brie.. Bailliage de Troyes, Meaux et Provins..» (Suivent les noms des diverses seigneuries); et à la fin on lit: « VERTUS. »

---

(1) *Usage général des fiefs*, page 461.

Vous savez que les lettres d'avril 1361, par lesquelles le roi Jean créa le comté de Vertus, et l'assigna en dot à Isabelle, sa fille, portent, relativement aux seigneuries dont ce comté fut composé, ces mots, *in partibus Campaniæ situatis*. Sans doute, ce n'est pas là une preuve suffisante que Vertus dépendît et relevât du comté de Champagne; mais les mêmes lettres en portent une preuve bien autrement précise. Le roi se réserve, pour lui et ses successeurs rois de France, la *foi et hommage* immédiate. Or, la foi et hommage immédiate prouve clairement qu'il n'y avait pas d'autre mouvance que celle qui compétait au roi.

Ainsi, il est certain que l'ancienne mouvance des archevêques de Reims, relativement à Vertus, avait été remplacée par la mouvance des comtes de Champagne, soit lors de la cession de propriété dont nous avons parlé, soit depuis, et par quelque arrangement particulier relatif à la mouvance (qui, vous le savez, n'était pas une conséquence nécessaire de la cession de propriété).

Sur cette mouvance des comtes de Champagne, au surplus, les preuves abondent.

En 1366 et années suivantes, et lorsque déjà Jean Galéas et sa femme étaient entrés en possession du comté de Vertus, il fut procédé à la prisée de ce comté, pour former cette *assiette de trois mille livres de rente*, promise par les lettres du roi Jean. Or, dans le procès-verbal de cette prisée, on voit mentionnés plusieurs fois les comtes de Champagne comme anciens seigneurs suzerains de Vertus. On y lit notamment ce passage : « Ce sont les gardes dues aux chastels de Moymer, VERTUS, » Ronnay et la Ferté-sur-Aube, mises par ordre en chacune » chastellenie, si comme ci-après sera plus à plain esclaircy » au chapitre des gardes. Et combien que par un roole de » nos seigneurs des Comptes à nous baillé en ladite chambre, » ait plusieurs gardes, lesquelles sont petitement et accutte- » ment esclaircies, et lequel roole extrait des registres de la- » dite chambre est de *si ancien temps*, que, depuis les dates » des gardes contenues audit roole, LES COMTES DE CHAM- » PAIGNE QUI POUR LE TEMPS ÉTOIENT ont depuis al- » liéné, eschangé, transporté et donné tant à plusieurs nobles » du pays comme à églises, et icelles terres admorties, des- » quelles grande partie d'icelles doivent gardes auxdits chas- » teaux, et pour ce, sont annullées, mesmement que du » temps ancien n'ont été requises, &c. »

Vertus et les seigneuries qui y furent annexées pour former le comté de Vertus dépendaient donc et relevaient du comté de Champagne.

C'en est assez, ce nous semble, Messieurs, sur ce point, sur lequel nous avons toutefois dû fixer vos pensées, parcequ'il n'avait pas été suffisamment éclairci dans les plaidoiries : nous revenons à la question principale.

Système des héritiers de Soubise.

Le système des héritiers de Soubise est celui-ci : Le comté de Champagne n'a été réuni à la couronne de France que par les lettres d'union expresse du roi Jean, en date de novembre 1361. Or, l'assignation dotale du comté de Vertus est d'avril 1361, c'est-à-dire antérieure à l'union. Vertus n'était alors qu'un bien privé. Le roi Jean a pu en disposer.

Ce système nous paraît erroné; et, pour le démontrer, nous établirons les propositions suivantes : Réfutation.

1.° Le comté de Champagne a été réuni à la couronne de France, avant avril 1361, par le principe de l'union tacite ;

2.° Il n'y avait pas de domaine privé pour les rois de la troisième race;

3.° Les traités relatifs au comté de Champagne prouvent qu'avant 1361 il est devenu domaine de la couronne;

4.° Les lettres d'union expresse de novembre 1361 n'étaient qu'un acte politique dicté par les circonstances;

5.° La preuve de la domanialité de Vertus résulte explicitement des lettres d'assignation dotale d'avril 1361;

6.° La même preuve résulte des actes d'exécution qui ont suivi ces lettres.

I.re PROPOSITION. — Union tacite.

Et d'abord, à quelle époque le comté de Champagne a-t-il été réuni à la couronne de France?

Il est certain qu'après la mort de Jeanne de Navarre, arrivée le 13 avril 1304, le comté de Champagne passa à Louis-le-Hutin, fils aîné d'elle et de Philippe-le-Bel. Il est vrai que, par une convention du mois de janvier 1309, entre Louis le Hutin et ses deux frères (Philippe-le-Long et Charles-le-Bel) six mille livres de rente assises en terres de Champagne furent attribuées à chacun de ces derniers ; mais il fut déclaré qu'ils tiendraient ces terres en fief de leur aîné, Louis-le-Hutin, qui prenait alors le titre de *fils aîné du roi de France, roi de Navarre, comte Palatin de Champagne et de Brie.*

Louis-le-Hutin devint roi de France, le 22 novembre 1314. Philippe-le-Long lui succéda le 19 novembre 1316 (après la mort du petit roi Jean Ier). Enfin, Charles-le-Bel devint lui-même roi de France, le 3 janvier 1321.

Ainsi, si l'on considère (comme il semble qu'il y a lieu de le faire) la possession de Louis-le-Hutin comme s'étendant sur tout le comté de Champagne, il est vrai de dire qu'il possédait ce comté, lorsqu'en 1314 il arriva au trône de France. Que si l'on veut au contraire considérer les douze mille livres de rente en terres attribuées à Philippe-le-Long et à Charles-le-Bel comme ayant formé un démembrement de ce comté, il est également vrai que Philippe-le-Long et Charles-le-Bel possédaient chacun leurs six mille livres de rente lorsqu'en 1316 et en 1321 ils arrivèrent au trône de France.

Or, à cette époque de 1314 (ou, si l'on veut, en 1316 et en 1321), le comté de Champagne (et Vertus qui en était un *membre*) se sont-ils trouvés former partie du domaine de la couronne ? Cette question revient à celle-ci : Le principe de l'union tacite à la couronne existait-il alors ?

C'est là, Messieurs, un point sur lequel on a plus d'une fois élevé des controverses, mais qui semble cependant bien éclairci par l'édit de juillet 1607. En voici le texte (1) : « Les rois nos prédécesseurs, depuis » plusieurs siècles, se sont, avec beaucoup de prudence, » tellement rendus soigneux de leur domaine, que, comme » chose sacrée, ils l'ont tiré hors du commerce des hommes; » et, par le serment solemnel de leur sacre, ils se sont » obligés à sa conservation et augmentation; lequel ser- » ment ils ont déclaré faire partie de celui de fidélité, » qu'eux, à qui toute fidélité étoit due, devoient à leur » couronne. Cette conservation a comblé le royaume » d'autant de bien, que la distraction y avoit auparavant » apporté de mal; et quant à l'accroissement et augmen- » tation, ç'a été le principal remède qui a préservé l'État » de la confusion en laquelle il étoit tombé; élevé et main- » tenu l'autorité et puissance royale en la grandeur, règles » et police qui sont aujourd'hui; relevé l'ordre légitime » de la monarchie par la réunion de tant de grandes sei- » gneuries détenues et possédées par seigneurs particuliers: » la cause la plus juste, de laquelle réunion a, pour la plu- » part, consisté en ce que nos prédécesseurs se sont dédiés » et consacrés au public, duquel ne voulant rien avoir de » distinct et séparé, ils ont contracté avec leur couronne » une espèce de mariage politique par lequel ils l'ont dotée » de toutes les seigneuries qui, à titre particulier, leur pou- » voient appartenir. La justification de ce grand et perpé- » tuel dot se peut aisément recueillir d'une bonne partie » desdites unions; et spécialement de la très-illustre marque » qu'en fournit la ville capitale de France, auparavant » domaine particulier de très-noble et très-ancienne tige

Édit de 1607.

(1) Recueil de Fontanon, 1611, tome IV, page 1205.

» de notre royale maison (le roi Hugues Capet) ; de sorte » que s'il y a eu des réunions expresses, elles ont plutôt » déclaré le droit commun, que rien déclaré de nouveau » en faveur du royaume.

» Aussi, auparavant et sans icelles réunions expresses, » nosdits prédécesseurs ont été maintenus, par des arrêts » de notre cour de parlement, en la possession des terres » et seigneuries qui leur étoient rendues contentieuses sous » prétexte de quelque prétendue division entre le domaine » public et privé.

» Et néanmoins, nous avons été retenus de déclarer » cette union ; au contraire, par nos lettres-patentes du » 13 avril 1590, aurions ordonné que notre domaine ancien » fût et demeureroit désuni, distinct et séparé de celui de » notre maison et couronne de France; nonobstant les- » quelles lettres, notre procureur général se seroit rendu » partie pour la défense des droits de notre couronne; les- » quelles ayant été présentées à notre cour de parlement de » Paris, se seroit ensuivi arrêt du 29 juillet an 1591, par » lequel elle auroit arrêté ne pouvoir procéder à la vérifi- » cation desdites lettres.

» D'ailleurs, aucuns de nos parlemens, pressés par nos » très-exprès commandemens, auroient vérifié lesdites lettres.

» Mais depuis, ayant considéré les moyens sur lesquels » notre procureur général s'est fondé, ensemble les raisons » qui ont mu notre parlement de Paris; touché de l'affec- » tion que nous devons à notre royaume, auquel nous » sommes totalement dédiés; et postposant notre particulier » au public ;

» De l'avis de notre conseil, auquel assistoient plusieurs » princes de notre sang, officiers de notre couronne, et » autres grands personnages :

» Revoquons, par notre présent édit perpétuel et irré- » vocable, nosdites lettres-patentes du 13 avril 1590, en-

» semble les arrêts intervenus en conséquence d'icelles en » aucunes de nosdites cours de parlement; et, en tant que » besoin seroit, confirmons ledit arrêt de notre cour de » parlement de Paris du 29 juillet 1591, et déclarons les » duchés, comtés, vicomtés, baronnies et autres seigneu- » ries mouvans de notre couronne, ou des parts et por- » tions de son domaine, tellement accrues et réunies à » icelui, que dès lors de notre avénement à la couronne de » France, elles sont devenues de même nature et condi- » tion que le reste de l'ancien domaine d'icelle. »

Tel est, Messieurs, cet édit, dans lequel on reconnaît cette franchise d'expression et ces inspirations toujours si nobles de Henri IV. Vous y remarquez deux choses : d'abord la déclaration de l'ancien droit public de la France, faite par le roi lui-même; et, à côté de cela, le même droit public constaté avec éclat par le parlement de Paris, qui venait de refuser expressément d'enregistrer les lettres patentes de 1590, par lesquelles il avait été porté atteinte aux anciens principes. Or, ces principes, vous l'avez vu, l'édit lui-même les indique, en termes positifs, comme bien antérieurs à l'édit de 1566, qui n'avait été rendu que quarante ans auparavant. Il les fait remonter au commencement de la troisième race; et il explique fort bien que si des réunions expresses ont existé depuis cette époque, elles ont été plutôt déclaratives du droit de la couronne, qu'elles n'ont constitué ce droit. Il ajoute que, non pas récemment mais toujours, le parlement, sans s'embarrasser des réunions expresses, qu'elles eussent eu lieu ou qu'elles n'eussent pas eu lieu, a consacré, par ses arrêts, le droit de l'État, et rejeté toute distinction entre le domaine public et un prétendu domaine privé des Rois.

Voilà déjà, Messieurs, de graves autorités sans

Édit de 1566. doute : mais jetons un coup-d'œil sur l'édit de 1566 lui-même ; et voyons s'il ne repousse pas le système qui vous a été plaidé, et qui consiste à soutenir que le principe de l'union tacite n'aurait été réellement établi que par l'édit de 1607. Voici d'abord le préambule, puis les principales dispositions de l'édit de 1566 (1) : « Comme à nostre sacre nous ayons, entre » autres choses, promis et juré garder et observer le do- » maine et patrimoine royal de nostre couronne, l'un des » principaux nerfs de nostre estat, et retirer les portions et » membres d'iceluy qui ont esté aliénez, vrai moyen pour » soulager notre peuple tant affligé des calamitez et trou- » bles passez : et parce que les règles et maximes anciennes » de l'union et conservation de nostre domaine sont à » aucuns assez mal et aux autres peu cogneuës, nous avons » estimé très-nécessaire de les faire recueillir et réduire » par articles, et iceux confirmer par édit irrévocable, afin » que cy-après personne n'en puisse douter.

» Sçavoir faisons que, de l'advis de nostre très-honorée » dame et mère, des princes de notre sang, officiers prin- » cipaux de nostre couronne, et autres de nostre con- » seil, avons dit, statué et ordonné, disons, statuons et » ordonnons ce qui s'ensuit :

» 1. Le domaine de nostre couronne ne peut estre aliéné » qu'en deux cas seulement : l'un pour appanage des puinez » masles de la maison de France; auquel cas y a retour

---

(1) Recueil de Fontanon, 1611, tome II, pages 362, 363.

» à nostre couronne par leur décez sans masles, en pareil » estat et condition qu'estoit ledit domaine lors de la con- » cession de l'appanage, nonobstant toute disposition, » possession, acte exprès ou taisible fait ou intervenu » pendant l'appanage; l'autre pour l'aliénation à deniers » contans pour la nécessité de la guerre, après lettres-pa- » tentes pour ce décernéez et publiéez en nos parlemens, » auquel cas y a faculté de rachat perpétuel.

» 2. Le domaine de nostre couronne est entendu celuy » qui est expressément consacré, uny et incorporé à nostre » couronne, ou qui a esté tenu et administré par nos rece- » veurs et officiers par l'espace de dix ans et est entré en » ligne de compte.

» 3. De pareille nature et condition sont les terres autre- » fois aliénéez et transféréez par nos prédécesseurs Roys, à » la charge de retour à la couronne, en certaines condi- » tions de masle ou autre semblable. »

L'édit de 1566 ne parle pas de l'union tacite. Non, Messieurs; mais vous allez voir qu'il fait mieux que d'en parler, car il l'applique.

Cet édit n'avait pour but que d'affermir l'exécution du principe trop souvent éludé de l'inaliénabilité du domaine de la couronne, de préserver l'avenir contre de nouvelles distractions de ce domaine, et d'y faire rentrer les biens qui, en ayant été illégalement distraits, devaient y être *réunis.* Aussi est-ce dans ce sens seulement que doit s'entendre l'expression *union et conservation*, qui se trouve dans le préambule. Quant au principe de l'union tacite, nous le répétons, il le reconnaît si bien, qu'il le présuppose et l'applique de la manière la plus remarquable dans son article 13.

Cet article est ainsi conçu (1) : « Les articles ci-dessus » auront lieu de loy et ordonnance, tant pour le regard de » nostre ancien domaine uny à nostre couronne, que autres » terres DEPUIS ACCRUES ET ADVENUES, comme *Blois,* » *Coucy, Montfort, et autres semblables.* »

Blois et Coucy étaient des terres propres à Louis XII, comme duc d'Orléans. Bien loin qu'il y ait eu à leur égard une union expresse, il y avait eu de la part de Louis XII un acte tout contraire, dont s'emparent même les héritiers de Soubise, comme vous l'avez vu, et dont nous reparlerons dans un instant plus amplement. Eh bien! malgré cet acte, et par la seule force de l'union tacite qui s'est opérée par l'avénement de Louis XII au trône de France, Blois et Coucy font partie du domaine de l'État! L'édit de 1566 le déclare; et il le déclare non-seulement pour ces terres, mais pour toutes les autres ACCRUES ET ADVENUES de la même manière.

Ainsi, Messieurs, ce n'est pas seulement de l'édit de 1607, c'est aussi de l'édit 1566, que ressort le principe de l'union tacite.

Et voyez quelle sévérité l'on applique au maintien des règles pour *l'union et la conservation* du domaine! Le préambule de l'édit de 1566 déclare que les anciens principes sur cette *conservation,* c'est-à-dire sur l'inaliénabilité, sont « *à aucuns assez mal et aux autres peu cogneues;* » et cependant, comme le do-

(1) Recueil de Fontanon, 1611, tome II, page 363.

maine est *le nerf de l'État* (et cela est bien vrai, puisque, d'après l'ancienne constitution de la monarchie, il fournissait au roi son premier moyen de faire la guerre), l'édit révoque toutes les aliénations qui ont été faites en contravention à ces principes, auxquels il a suffi d'exister virtuellement!

Que la règle de l'union tacite existât avant l'édit de 1607 et même celui de 1566, c'est une vérité sur laquelle le procureur général La Guesle s'explique nettement.

Voici ses expressions (1) : « Cette ordonnance, qui » porte que le domaine de la couronne est entendu celui qui » est expressément consacré, uni et incorporé à icelle, ou » qui a été tenu et administré par les receveurs et officiers du » roi l'espace de dix ans, ne faisant aucune mention de » l'union taisible, on pourroit croire que cette union est » plutôt fondée sur l'opinion ou sur quelques exemples, que » sur le droit : mais ces deux marques du domaine spé» cifiées par l'ordonnance de 1566, n'empêchent pas qu'il » ne puisse y en avoir d'autres aussi certaines. Si les droits » de la couronne étoient resserrés dans ces deux cas, il s'en» suivroit qu'une ville et une province conquises ou ac» quises ne seroient point jointes au domaine de la cou» ronne, sans une déclaration expresse, ou sans l'adminis» tration de dix ans, ce qui seroit contre toute raison. » Autorités.

Il ajoute : « Les deux marques du domaine dont parle » l'ordonnance de 1566 doivent principalement s'entendre » des confiscations, déshérences, aubaines, bâtardises et » autres semblables échettes qui adviennent aux rois, et

(1) La Guesle, *quatorzième remontrance*, pages 482 et 483.

» dont ils peuvent disposer comme fruits, lorsqu'elles n'ont » point été unies expressément à la couronne, ou adminis» trées pendant dix ans par les officiers royaux. »

A cette autorité nous pourrions ajouter celle de Le Bret, dans son traité *de la Souveraineté* (1), qui fait remonter jusqu'à Hugues Capet le principe de l'union tacite ; de Servin, qui, dans son plaidoyer sur *la Baronnie de Montdoubleau* (2), donne la même antiquité à ce principe ; de Béloy, dans sa dissertation sur l'édit de 1607 (3) qui (écrivant sous Henri IV même), cite, à l'appui de cette doctrine, une foule d'exemples et de preuves légales, et ne craint pas de dire que l'opinion contraire n'a été soutenue que par *quelques-uns mal-entendus aux lois fondamentales de cet État.*

Il nous serait facile aussi de vous montrer, Messieurs, que c'est, en effet, dans ce sens que la jurisprudence constante des parlemens s'est prononcée ; et qu'avant l'édit de 1566, comme depuis, ils ont toujours maintenu l'union tacite, dont ils ont puisé le principe dans la loi fondamentale de la monarchie, dans la loi salique, qui établit l'inaliénabilité du domaine, et de laquelle il résulte, comme le disait encore le procureur général La Guesle, que (4) *par le saint et politique mariage entre nos rois et leur couronne, les seigneuries qui leur appartiennent particulièrement sont censées par même*

---

(1) Livre III, chapitre 1.er

(2) Savaron, *de la Souveraineté*, 1620, pages 126 à 147.

(3) Maynard, *notables questions*, tome II, pages 470 à suiv.

(4) La Guesle, *quatrième remontrance*, pages 94 et 114.

moyen appartenir au royaume, même quand sont fiefs mouvans de la couronne ou de ceux lesquels y sont jà unis.... Le domaine public attire et joint avec soi le domaine particulier qui est échu aux rois ; ensorte qu'il s'en fait un mélange indissoluble du tout en tout.

Il est vrai que quelques auteurs ont contesté l'existence de l'union tacite avant l'édit de 1566 et même avant l'édit de 1607; mais il nous a semblé qu'il y avait un vice radical dans leurs raisonnemens. Ils ne les fondent tous que sur certains exemples qu'ils citent. Or, une grande partie de ces exemples sont d'abord susceptibles de controverse. Puis, il faudrait citer aussi les exemples opposés. Et, en tous cas, des faits qui ont pu être des violations du principe, et qu'il ne faudrait pas séparer des circonstances qui les ont environnés, ne sauraient détruire le principe lui-même.

D'ailleurs, quelques-uns de ces auteurs, arrivant à l'édit de 1607, ont été forcés de donner à leur système une espèce de démenti; car ils ont reconnu que, depuis cet édit, le principe de l'union tacite avait été constamment appliqué, même pour les temps qui lui étaient antérieurs. C'est ainsi que l'auteur du *Traité du domaine*, dont on a plusieurs fois invoqué l'opinion dans le mémoire qui vous a été distribué, dit lui-même (1) : « Cet édit a changé entièrement la jurisprudence; » et même, par un effet rétroactif, on juge aujourd'hui que

(1) Lefebvre Laplanche, *du Domaine*, tome I.er, page 100.

» *la réunion s'opéroit de plein droit dans les temps mêmes* » *qui ont précédé.* »

Mais, Messieurs, nous n'avons pas besoin ici d'invoquer cette rétroactivité de la jurisprudence, car la cause même nous fournit la preuve de l'application judiciaire du principe de l'union tacite, en 1322. Voici à quelle occasion.

Arrêt de 1322. Philippe-le-Bel, en mariant Philippe-le-Long, son second fils, avec Jeanne, fille d'Othon comte de Bourgogne, lui avait donné pour apanage le comté de Poitou. Par le même contrat de mariage, Louis-le-Hutin, frère ainé de Philippe-le-Long, lui avait assuré de nouveau les 6,000 livres de rente dont nous avons parlé, assises en terres sur le comté de Champagne provenant de Jeanne de Navarre, leur mère commune. Après la mort de Philippe-le-Bel, son père, et de Louis-le-Hutin, son frère aîné, Philippe-le-Long était monté sur le trône, en 1316. Ainsi, les qualités d'apanagiste du comté de Poitou et de propriétaire des 6,000 livres de rente en terres de Champagne s'étaient trouvées réunis en sa personne, avec le titre de roi.

Philippe-le-Long, en mourant en 1321, ne laissa que des filles, dont l'aînée, Jeanne de France, avait épousé Eudes IV, duc de Bourgogne. La couronne ayant passé à Charles-le-Bel, frère puîné de Philippe-le-Long, Eudes, duc de Bourgogne, prétendit, au nom de sa femme, contre Charles-le-Bel, qu'elle devait succéder au comté de Poitou et aux 6,000 livres de rente en terres de Champagne; et il intenta, à cet effet, contre le procureur général du roi, une complainte possessoire. Cette action fut portée devant le parlement; et, le 22 janvier 1322, fut rendu un arrêt qui consacre d'une manière bien remarquable le principe de l'union tacite, et dont Choppin (1) nous a conservé le texte que voici : « Carolus, » Dei gratiâ Francorum et Navarræ rex. Cùm procurator » ducis Burgundiæ pro se et ratione vxoris suæ contrà pro- » curatorem nostrum, quem coràm nobis fecerant adior- » nari, proponeret, quòd charissimus dominus et genitor » noster, in contractu matrimonii de germano nostro Phi- » lippo et vxore suâ Johannâ eis promiserat, et eorum hæ- » redibus ex dicto matrimonio procreandis, viginti millia » librarum terræ cum honore comitatûs, pro quibus posteà » assignauerat ciuitatem Pictauensem cùm certis pertinen- » tiis, cùm honore comitatûs. Item quòd germanus noster, » rex Ludouicus, assignauerat dicto Philippo pro prouisione » seu appennagio suo de bonis quæ fuerunt matris nostræ, » sex millia librarum terræ in Campaniâ. Requirebat, quòd » cùm Burgundi vxor neptis nostra, tanquàm primogenita » dicti Philippi succedens eidem in comitatu et terrâ præ- » dictis, esset in possessione et saisinâ de dictis comitatu » et terrâ per consuetudinem patriæ notoriam, quâ mortuus » saisit viuum, dictum ducem ratione vxoris suæ ad fidem » et homagium nostrum reciperemus. Procurator noster » proposuit ex aduerso, quòd licet germanus noster Phi- » lippus, tempore quo erat comes Pictauensis, præmissa » possedisset vt comes, tamen statim quòd fuit rex, desiit » possidere vt comes, et quòd tanquàm rex, de præmissis » saisitus decessit : cui nos successimus tanquàm masculus

(1) Choppin, *de Domanio*, lib. III, *tit.* II.

» et hæres proximus in dicto regno et omnibus præmissis, » et aliis pertinentiis dicti regni, &c. Per arrestum nostræ » curiæ dictum fuit, quòd prædicta requæsta dictorum ducis » et ejus vxoris non fiet, et quòd nos remanebimus in » saisinâ nostrâ prædictâ, saluâ super præmissis quæstione » proprietatis. »

Cet arrêt n'était, il est vrai, que sur le *possessoire* ; mais La Guesle, après en avoir expliqué les circonstances, remarque que, bien qu'il eût réservé le pétitoire au duc de Bourgogne et à sa femme « toutefois, » depuis, ne s'en remuèrent. » Et il en donne ce motif: « Cet arrêt étant donné sur le point de droit et de *droit » françois*, qui *rendoit royal ce qu'un roi avoit possédé*, » qu'est-ce qu'au pétitoire le duc Eudes et sa femme » eussent pu apporter de nouveau, et qui n'eût été débattu, » examiné et jugé ! »

Après Charles-le-Bel qui, avant d'être roi, était aussi proprétaire de six mille livres de rente en terres de Champagne, et avait en apanage le comté de la Marche, Choppin nous apprend qu'un autre arrêt semblable fut rendu contre la propre fille de ce prince, Blanche, femme de Philippe duc d'Orléans, au nom de laquelle on avait renouvelé des réclamations semblables à celles qui avaient été proscrites en 1322 à l'égard de la fille de Philippe-le-Long.

Enfin, Messieurs, des prétentions plus directes et plus graves, qui embrassaient la totalité des comtés de Champagne et de Brie, ayant été renouvelées depuis, par Philippe comte d'Évreux, du chef de sa femme, Jeanne de France, fille de Louis-le-Hutin, elles ont encore été repoussées par un arrêt, les pairs assemblés, dont la date paraît être de 1328, et qui est mentionné par le continuateur de Nangis, par Choppin, par La Guesle, par Dupuy. Voici, à cet égard, les expressions de Choppin (1). « *Regiâ demùm » sententiâ pronuntiatur Campanicum beneficium esse Fran- » corum regum cum sceptris rerum mixturâ confusum.* »

Arrêt de 1328.

On conteste l'existence de ces arrêts, parce qu'ils n'ont pu être retrouvés sur les registres du parlement. Il n'est pas étonnant qu'on n'ait pas pu les retrouver, car les registres de cette époque n'existent pas: vous savez qu'il n'y avait pas plus de vingt ans que le parlement avait été rendu sédentaire. Mais, comment supposer, quant à l'arrêt de 1322, qu'il ait été cité textuellement par Choppin, et aussi dans le mémoire que voici de l'inspecteur général du domaine, s'il n'avait réellement existé (2)? Comment supposer, quant à celui de 1328, qu'une décision si importante, rendue tous les pairs y séant, ait été admise et citée par un auteur aussi exact et d'une aussi saine critique que Choppin, et en outre par d'autres auteurs accrédités?

Ainsi, Messieurs, non-seulement le principe de l'union tacite existait avant les édits de 1566 et de 1607, mais même il a été spécialement appliqué au comté de Champagne, avant l'acte d'avril 1361 par

---

(1) Choppin, *de Doman.*, lib. I, tit. VI.

(2) Cet arrêt a été retrouvé depuis le plaidoyer. Voir la note, page 221.

lequel Vertus a été assigné en dot à Isabelle de France. Ce point nous paraît démontré.

II.e PROPOSITION. — Point de domaine privé sous la troisième race.

Mais on insiste, et l'on dit : De même que les rois de la première et de la seconde race, les rois de la troisième avaient un domaine privé dont ils pouvaient disposer librement et d'une manière irrévocable.

Quant aux rois des deux premières races, il est vrai, Messieurs, qu'ils avaient un domaine privé ; ou plutôt on peut dire que, le domaine de l'État n'étant pas alors strictement inaliénable, il n'y avait pas d'intérêt véritable à établir cette distinction. Chacun sait, au surplus, quels ont été, pour ces deux races, les effets de ces aliénations si fréquentes du domaine de l'État, et des partages perpétuels entre les enfans des rois. Mais ce qui est certain, c'est que Hugues Capet a rétabli dans toute sa rigueur le principe conservateur de l'inaliénabilité du domaine, en même temps qu'il a proscrit les partages du royaume. Le principe de l'union tacite par l'avénement au trône était le complément et la conséquence des bases nouvelles qu'il posait.

Ordonnance de 1318.

On a parlé d'une ordonnance qui aurait formellement reconnu la division du domaine public et du domaine privé (celle du 18 juillet 1318, que l'on a citée dans le mémoire). Nous avons vérifié cette ordonnance, et nous avons reconnu qu'il n'en résulte aucune preuve de cette prétendue division. Voici le

passage dont on argumente (1) : « N'est pas nostre in-
» tention que nous dongnons point de nostre demaine ne
» de nostre héritage. L'ordonnance continue : « Si ce n'est
» au cas que nous le doions faire par raison. Et est à en-
» tendre que sceaulx et escriptures sont *de nostre propre*
» *demaine*, &c., &c. »

Nous vous le demandons, Messieurs, cela établit-il une division entre le domaine de la couronne et le prétendu domaine privé? Non, bien évidemment : ces mots, *demaine*, *héritage*, *notre propre demaine*, employés tour-à-tour, marquent au contraire cette confusion d'intérêts, cette identification complète du roi avec l'État, qui était un des principes du temps.

Au surplus, cette ordonnance de Philippe-le-Long, qui est fort étendue, et qui a été rendue *pour le gouvernement de son hostel*, quand on la lit d'un bout à l'autre comme nous l'avons fait, exclut entièrement cette distinction qu'on n'a cherché à tirer que d'un mot. Partout une seule administration, une seule comptabilité, les mêmes officiers, et (ce qui est plus remarquable) *les mêmes règles* pour prémunir contre *l'aliénation*. Ceci répond assez, ce semble; car probablement on ne veut pas appliquer les règles de l'*inaliénabilité* à ce prétendu *domaine privé !*

La distinction dont on parle, entre le domaine public et le domaine privé, si elle eût été réelle, aurait bien valu qu'on l'établît par une disposition expresse. Or, vous avez remarqué, Messieurs, qu'on

---

(1) Ordonnances des Rois de France, tome I, page 659.

n'a invoqué que cette seule ordonnance, qui ne dit rien de semblable. Pour nous, qui avons vérifié toutes les ordonnances *sur le fait du domaine*, nous affirmons qu'il n'y en a pas une seule dans laquelle cette distinction soit établie. Toutes y répugnent, au contraire : partout un seul domaine, le domaine royal.

Ordonnances du domaine.

Et, si l'on eût voulu établir cette distinction ; si elle eût été possible et conforme aux principes de la monarchie, pourquoi ne la trouve-t-on pas, par exemple, dans l'édit de 1566, qui établissait, sur l'inaliénabilité du domaine, des règles si sévères qu'il eût été juste de conserver aux rois au moins la libre disposition de ce prétendu *domaine privé!* Rien de semblable dans cet édit, ni dans aucun autre : 1318, 1321, 1360, 1366, 1402, 1413, 1483, 1517, 1521, 1539, 1559, rien de semblable. Et cependant, les rois eux-mêmes n'auraient-ils pas eu le plus grand soin d'établir cette distinction ?

Confirmation des deux propositions précédentes.

Mais, à défaut de dispositions de lois, on invoque, avec les auteurs dont nous parlions tout-à-l'heure, divers exemples pris dans des faits qu'on cite; et l'on s'efforce, à la fois, d'écarter le principe de l'union tacite et d'établir celui du prétendu domaine privé. Parcourons ces faits.

On parle, d'abord, de la Champagne, et l'on s'empare de ce qu'il a été fait des traités relativement à elle depuis Louis-le-Hutin; ce qui démontre, dit-on, que les rois eux-mêmes ne la considéraient pas comme unie à la couronne par le seul effet de l'avénement de Louis-le-Hutin au trône, en 1314.

Commençons par rejeter cet exemple; car il s'agit précisément, dans la cause, d'apprécier les traités dont on parle. Ainsi, c'est la question par la question ; et tout-à-l'heure nous nous expliquerons sur ces traités.

Louis XII.

On invoque un second exemple, celui des lettres-patentes de Louis XII en 1509, par lesquelles il déclare vouloir que ses deux filles jouissent, comme de biens privés, aliénables et transmissibles, des comtés et seigneuries de Blois, Dunois, Soissons et Coucy, qui lui étaient advenus comme duc d'Orléans, avant son avénement à la couronne de France.

Eh bien, Messieurs, savez-vous ce qui est arrivé? Jamais ces lettres-patentes n'ont reçu d'exécution. Sans se donner même la peine de les révoquer, l'édit de 1566, comme nous le disions tout-à-l'heure, a déclaré formellement que *Blois, Coucy et autres terres* semblablement *accrues et advenues* à la couronne, faisaient partie du domaine de l'État. Et puisque, en invoquant cet exemple, on a cité, dans le mémoire des héritiers de Soubise, les expressions de Dupuy, lorsqu'il rapporte le fait primitif, nous avouerons, Messieurs, que nous regrettons qu'on ne vous ait pas fait connaître ce que dit Dupuy, lorsqu'il prend soin de réfuter les inductions qu'on voudrait tirer de ce même fait. Voici notamment un passage important (1) :

---

(1) Dupuy, *des droits du roi*, v.° *Blois*, page 730.

« L'édit du roy Charles IX est à considérer, car il déclare » sa dernière résolution touchant ledit comté de Blois tenu » domanial, et sur lequel le Roi entend que toutes les règles » du domaine soient observées comme sur un domaine » ancien de la couronne. Cet édit, comme postérieur à » celui de Louis XII NON JAMAIS OBSERVÉ, a esté mis » à exécution en tous ses articles, n'ayant point esté de » besoin de dérogation spéciale, puisqu'à *sa naissance il » demeura sans exécution, sans effet,* puisque les terres du » domaine de la maison d'Orléans étoient *lors confuses avec » le domaine ancien de la couronne.* »

Et à l'article *Coucy*, Dupuy dit encore (1) : « Coucy et ses appartenances ci-dessus désignées ont été » unis au domaine par l'avénement à la couronne du roi » Louis XII. »

A ces citations se joint naturellement celle du *Dictionnaire des domaines*, qu'on a invoqué plus d'une fois dans l'intérêt des héritiers de Soubise Il s'exprime en ces termes (2) : « Louis XII, en parvenant à la couronne, possédoit les comtés et seigneuries de Blois, Coucy » et autres, qui avoient été acquis par Louis de France, » duc d'Orléans, son aïeul, des derniers dotaux de Valentine de Milan, sa femme. Louis XII, qui n'avoit point » d'enfans mâles, entraîné par son affection pour Claude » et Rénée de France, ses deux filles, donna des lettres-patentes, au mois de septembre 1509, par lesquelles il » déclara qu'il n'entendoit pas que les comtés et seigneuries de Blois, Dunois, Soissons et Coucy, fussent confus avec le domaine royal et public, mais qu'il vouloit » qu'ils demeurassent en leur première condition privée,

---

(1) Dupuy, *des droits du roi*, v.° *Coucy*, page 790.
(2) Dictionnaire des Domaines, v.° *Domaine*, page 429.

» comme héritage maternel et féminin de la maison d'Or- » léans, aliénable et transitoire à tous ses héritiers du même » sang et ligne.

» Ces lettres-patentes, contraires aux lois de l'État, ne » furent enregistrées qu'après une résistance qui ne céda » qu'à la puissance absolue du roi. M. le procureur général » n'y prêta pas même son ministère; c'est ce qui est attesté » par MM. de La Guesle, de Beloy et autres. Aussi, n'ont- » elles pas eu leur exécution : en effet, François I.er, suc- » cesseur de Louis XII à la couronne, recueillit le do- » maine de la maison d'Orléans, comme roi, et non comme » mari de la reine Claude; et les rois ses successeurs l'ont » possédé au même titre, sans que M.me Renée de France, » sœur de la reine, mariée au duc de Ferrare, ni son » mari, aient fait aucune réclamation de ces biens, en » vertu des lettres-patentes de 1509.

» Il ne fut point nécessaire de dérogation spéciale à ces » lettres-patentes : toutes les terres de la maison d'Orléans » furent regardées, par l'édit de Charles IX donné à » Moulins en 1566, comme confuses depuis long-temps » avec le domaine de l'État, et toutes les règles du do- » maine leur furent appliquées comme au domaine ancien » de la couronne. L'article 13 de cet édit porte que les » articles précédens auront lieu de loi et ordonnance, tant » pour le regard de l'ancien domaine, uni à la couronne, que » autres terres depuis accrues ou advenues, comme Blois, » Coucy, Montfort et autres semblables.

» Les terres qui n'étoient accrues au domaine que par » l'avénement de Louis XII à la couronne ne furent pas » dénommées dans l'édit comme ayant besoin d'être con- » solidées au domaine par une déclaration positive, mais » seulement comme une désignation, pour établir que les » terres qui sont dans le même cas accroissent de plein » droit au domaine de la couronne. »

Vous le voyez, Messieurs, le seul exemple grave qu'on ait invoqué tourne tout-à-fait contre la doctrine qu'on veut établir. Louis XII affaibli, Louis XII au lit de mort, veut faire une exception au principe général, et sa volonté royale est tenue pour non avenue; elle est écartée, et jamais exécutée.

Henri IV.

Plus tard, Henri IV renouvelle la même tentative; et le parlement s'y oppose; il proteste pour la conservation des vieilles maximes de la monarchie; et sa résistance est si vive, que le roi lui-même se rend, et donne cet édit de 1607 que vous connaissez.

Voilà, Messieurs, les deux seules occasions, dans lesquelles les rois aient tenté de lutter de front contre l'union tacite; et voilà, pour l'une et pour l'autre, ce qui est advenu. Jugez, maintenant, si ce principe n'était pas certain et sacré, « Il y a deux lois, la loi des » rois, et la loi du royaume. Quant à la loi que les rois » font, elle est muable... Mais, quant à la loi du royaume, » qui a été devant les rois et qui sera après les rois, elle » est éternelle et perpétuelle... » Telle était l'analyse de ces courageuses remontrances du parlement auxquelles le trône a dû la conservation de son domaine et de sa puissance!

Comté de Toulouse et duché de Normandie.

Le comté de Toulouse et le duché de Normandie fournissent encore deux exemples dont on argumente. Le premier se trouvait, dès 1270, acquis au roi de France, par suite du traité passé entre saint Louis et le dernier comte de Toulouse. Le second était également acquis à la couronne dès 1202, par suite de la confiscation sur Jean-sans-Terre. Or, dit-on, ils n'ont été réunis à la couronne que par les lettres du roi Jean, de novembre 1361 ; donc jusque là ils étaient restés domaines privés des rois.

A cet égard, Messieurs, une première observation se présente : c'est qu'il s'agit précisément ici d'apprécier ces lettres d'union du roi Jean, et de savoir si, suivant l'expression de l'édit de 1607, elles n'ont pas été plutôt déclaratives que constitutives du droit de la couronne. L'argument tomberait donc, par cela seul que c'est, encore une fois, la question par la question. Mais vous allez voir que cet argument tourne encore contre ceux qui l'invoquent.

Depuis 1270 jusqu'en 1361, quatre-vingt-six années se sont écoulées, et plusieurs rois se sont succédé sur le trône de France. Or, pendant tout ce temps, chaque roi de France a joui de l'ancien comté de Toulouse ; il est advenu à chacun par le droit de la couronne, et en même temps qu'elle. C'est un point qu'on ne conteste pas, et qu'on ne peut effectivement pas contester, puisque l'histoire est là pour l'attester. Or, nous le demandons, si le comté de Toulouse eût été considéré comme domaine privé, les choses se fussent-elles passées ainsi ! Dans l'intervalle de quatre-vingt-six ans, combien de partages en eussent été faits ! combien d'aliénations ! Ce ne sont pas les héritiers naturels de la personne qui occupait le trône qui ont recueilli le comté ; c'est le roi, successeur du roi précédent, puis le successeur de celui-ci, puis toujours ainsi: en un mot, le roi comme roi.

Et maintenant, que Barthole vienne nous dire que le comté de Toulouse était *comitatus regni,* et non pas *comitatus de regno;* cette distinction puérile ne peut que nous rappeler les subtilités que l'on trouve trop souvent dans les jurisconsultes de ce temps; mais elle ne saurait résister à l'évidence des faits, des principes, et au jugement d'une saine doctrine. Les rois de France possédaient le comté de Toulouse comme domaine royal; jamais ils ne l'ont considéré comme propriété privée : et la meilleure preuve résulte précisément de ce que le roi Jean lui-même l'a recueilli, après quatre-vingts ans, avec la couronne de France.

Quant au duché de Normandie, l'observation est la même, et plus forte encore, car celui-là, c'était depuis cent cinquante-neuf ans qu'il marchait avec la couronne de France, avant la réunion expresse de 1361. Or, nous le répétons, s'il eût été *domaine privé aliénable et transmissible,* combien de partages, de divisions, de subdivisions, d'aliénations, de transmissions, dans l'espace de cent cinquante-neuf ans!

Les exemples invoqués tombent; les principes restent, tels que nous les avons établis.

III.e PROPOSITION. — La Champagne domaine de la couronne, par les traités.

Revenons toutefois, et voyons les faits particuliers au comté de Champagne.

Louis-le-Hutin le possédait, dit-on, *à titre privé.*

C'est là une articulation du mémoire; et l'on cite l'autorité de Dupuy, qui (verbo *Blois*, page 278) aurait dit que les comtés de Champagne et de Brie « furent considérés comme domaines particuliers qui n'a- » voient été nullement incorporés ni consolidés au patri- » moine royal. »

Nous avons vainement cherché, dans Dupuy, le passage cité. Nous sommes loin d'accuser d'inexactitude volontaire l'auteur du mémoire, qui en est incapable; mais comme, dans cette affaire, un très-grand nombre d'anciens mémoires existent, et que celui qui vous a été présenté est en très-grande partie la copie des mémoires précédens, il est arrivé qu'un assez grand nombre de citations faites avec inexactitude dans les autres écrits se sont trouvées reproduites dans le dernier. C'est à cette circonstance que nous attribuons l'impossibilité que nous avons éprouvée de retrouver la citation dont il s'agit.

Ce que nous avons découvert dans Dupuy, ce sont des énonciations toutes contraires. Voici ses expressions (1): « Jeanne, reine de Navarre, comtesse » palatine de Champagne et de Brie, épousa, en 1284, » Philippe-le-Bel, roy de France; elle mourut l'an 1305. » Ils eurent plusieurs enfans de leur mariage. Louis-Hutin » étant roy, l'an 1314, laissa une seule fille, Jeanne, qui » épousa Philippes, comte d'Évreux; elle demanda au roy » Philippes-le-Long, son oncle, le comté de Champagne, » les femmes estant capables de le posséder, estant venu » de Jeanne son ayeule. Sur ce, le conseil fut assemblé, Dupuy.

(1) Dupuy, *Des droits du Roi*, v.° *Champagne*, page 762.

» où le roy présida, assisté de princes et seigneurs. Arrêt » prononcé par le roy, que le comté de Champagne estoit » un fief de la couronne uny et confus avec le domaine: » ce qui fut ratifié par les enfans de Louis Hutin, et s'en » passèrent deux accords et transactions : le premier, avec » le roy Charles-le-Bel, à Villeneuve-lez-Avignon; le se- » cond, avec le roi Philippe de Valois, le 14 mars 1335. »

Ces *accords et transactions* sont analysés par Dupuy, à la suite et à l'appui de ce qu'il vient de dire; et vous avez remarqué qu'il cite aussi cet arrêt de 1328 qui est indiqué par Choppin, comme ayant, dès cette époque, jugé l'union de la Champagne à la couronne.

Maintenant, admettons qu'il existe un passage de Dupuy, dans lequel il dise que Louis-le-Hutin, depuis qu'il a été roi de France, a joui séparément du comté de Champagne; que nous importe? ce passage pourrait-il détruire les si bonnes preuves que lui-même produit de l'union de cette province à la couronne? Non, sans doute. Et d'ailleurs, combien de temps Louis-le-Hutin aurait-il donc pu jouir séparément du comté de Champagne, depuis qu'il a été roi? Vous savez qu'il n'a régné que dix-neuf mois. Monté sur le trône le 22 novembre 1314, il est mort le 5 juin 1316.

Arrivons donc à ces *accords et transactions* de 1316, 1317, 1327 et 1335 (car il y en a de ces diverses dates).

D'après ce qui vous a été plaidé et ce qui a été imprimé, ce seraient des actes *d'achat*, de simples contrats, comme ceux par lesquels on acquiert, par devant notaires, une maison (car on va jusque là, et il le faut bien, dans le système des héritiers de Soubise). Ainsi, il faut déjà admettre, non seulement l'achat par un roi à titre privé, mais l'achat à titre privé de deux provinces! Que disons-nous par un roi! par trois rois : Philippe-le-Long, Charles-le-Bel et Philippe de Valois! Ainsi, tous les trois ont successivement acheté trois fois la même chose! Tous les trois l'ont trois fois achetée de la même manière! Tous les trois ont acheté deux provinces à *titre privé!*

C'est, Messieurs, ce qu'il est impossible d'admettre, et c'est aussi ce qui n'a pas existé. Nous avons examiné ces divers traités; et au premier coup-d'œil, on y reconnaît le véritable état des choses, qui, d'ailleurs, est indiqué par les historiens.

Sans doute, dès-lors, les principes relatifs à l'hérédité à la couronne eussent été incontestables pour ceux qui auraient voulu s'y soumettre de bonne foi; mais on sait trop quelle était la puissance de ces grands vassaux de la couronne qui, les armes à la main, venaient soutenir leurs prétentions ambitieuses. Or, ce n'étaient pas seulement la Champagne et la Brie que Eudes, duc de Bourgogne, réclamait de Philippe-le-Long, pour sa nièce mineure, Jeanne, fille de Louis-le-Hutin; c'était la couronne de France elle-même. D'autres prétentions analogues s'étaient renouvelées à l'avénement de Charles-le-Bel et de Philippe de Valois. De telles difficultés ne pouvaient se résoudre que par des traités.

C'est ce qui est arrivé. Philippe-le-Long, et, après lui, Charles-le-Bel, firent les premières transactions de 1316, 1317 et 1327, d'abord avec Eudes, duc de Bourgogne, et ensuite avec Philippe, comte d'Évreux, lorsque ce dernier eut épousé Jeanne de France. En 1335, la transaction définitive fut faite par Philippe de Valois. Et tous ces actes démontrent que c'étaient des transactions politiques résultant des nécessités du temps, et dans lesquelles il s'agissait de bien autre chose que de la Champagne et de la Brie.

Vous pourrez, Messieurs, prendre connaissance de ces traités. S'il était utile de les suivre un à un, nous leur restituerions bien facilement le caractère qui leur est propre, en mettant sous vos yeux leurs termes, et en les replaçant dans les circonstances qui les environnaient. Mais, il suffit que nous nous occupions du dernier; et sa seule lecture va vous montrer que, lorsque Philippe de Valois stipule, c'est bien comme roi, et que son but est à-la-fois de conserver à sa couronne une partie importante de son domaine qui lui est contestée, et d'achever d'éteindre les anciennes prétentions que l'on pouvait avoir, du chef de la fille de Louis-le-Hutin, tant à la couronne de France, qu'à la Champagne et à la Brie, et aussi à des valeurs mobilières qui, dès l'origine, avaient été un grand objet de discussion au milieu de tout cela. Voici donc ce traité du 14 mai 1335 (1) :

Traité définitif de 1335.

(1) Archives du royaume, *section historique*.

« Philippe, par la grâce de Dieu, roi de France, savoir » faisons à tous présens et à venir, que comme débats, » discords, questions ou querelles fussent ou pussent être » entre notre cousin Philippe, roi de Navarre, comte » d'Évreux, et notre cousine Jeanne, reine de Navarre, » sa compagne, d'une part, et nous d'autre; en tant comme » eux faisoient à nous *plusieurs grandes demandes et requêtes* » *hors jugement*, en disant que nous étions tenus à eux en » *plusieurs grandes choses*, esquelles nous disions que nous » n'entendions en rien être tenus à eux, toutefois nosdits » cousin et cousine, pour bien de paix et accord, de leur » bon gré, pure et franche volonté, sans aucune contrainte, » décevance et erreur, et certifiés à plein de leur droit et » du fait, non à ce induits par fraude ou circonvention » d'aucun, mais eu, sur toutes les choses qui s'ensuivent, » bon, sûr et sain conseil et pleine délibération; et pour » la grande amour et affection que nous avons à eux; avons » accordé tous lesdits débats, discords, questions et que- » relles, mues et à mouvoir entre eux et nous; et de tout » le droit, action et réclamation qu'ils pouvoient ou de- » voient avoir envers nous, si aucuns en avoient, pour » eux, leurs hoirs, successeurs et ceux qui d'eux auront » cause; pour nous, nos hoirs et successeurs et ceux qui » de nous auront cause, en la forme et manière qui s'ensuit:

» Que nosdits cousin et cousine quittent et remettent » purement, perpétuellement et à toujours, à nous, nos » hoirs et nos successeurs, tout le droit, raison, action et » réclamation qu'ils avoient, devoient ou pouvoient avoir » ès comtés de Champagne et de Brie, les appartenances » et dépendances d'icelles, tant par succession ou échoite » de notre seigneur et cousin le roi Louis, père du roi » Jean I.er, frère de notredite cousine, comme pour cause » de quelconques traités faits entre le roi Philippe, d'une » part, et la duchesse de Bourgogne, aïeule, et le duc de

» Bourgogne, oncle, tuteur ou curateur jadis de notredite » cousine, d'autre part, comme entre le roi Charles, d'une » part, et nosdits cousin et cousine, d'autre part; et aussi » tous autres droits, raisons et réclamations qu'ils auroient » et avoir pourroient envers et contre nous, en toutes » autres choses grandes et petites quelles qu'elles soient gé- » néralement, tant de par leurs pères que de par leurs » mères, et de par ledit roi Jean, en et par quelconques » autres causes et manières qu'elles soient ou pussent être » dites ou nommées, combien qu'elles fussent plus grandes » que les choses dessus exprimées; et desdits droits, rai- » sons, actions et réclamations font nosdits cousin et cou- » sine à nous pleine, pure et vraie cession et transport per- » pétuel, sans y rien retenir; et convenances réelles et » perpétuelles de jamais nous y rien demander, et veulent » que autant vaille cette quittance et rémission générale, » si comme les choses dessus quittées et remises fussent » nommées et exprimées par espécial.

» Et nous, d'autre part, pour la quittance et remission » des choses dessus dites, outre les comtés d'Angoulême » et de Mortaing, et toutes les rentes et héritages que le » roi Charles donna et octroya à notre dit cousin pour cause » d'icelle notredite cousine par ledit traité qu'il fit avec » eux sur lesdits comtés de Champagne et de Brie, don- » nons à notredite cousine cinq mille livres de rente tour- » nois, annuelle et perpétuelle, *sur notre trésor à Paris*, » qu'elle prendra héritellement pour elle, pour ses hoirs » loyals et naturels, nés et à naître de son propre corps, » et non autres.

» Et parmi ce, notredit cousin roi de Navarre et ses » hoirs ne prendront plus de ci en avant les cinq mille » livres tournois de rente du don que fait lui avons *sur » notre dit trésor à Paris*, pour contemplation de notre dite » cousine.

» Par cette même cause, donnons à notre dite cousine » trois mille livres tournois d'annuelle et perpétuelle rente, » pour elle et pour sesdits hoirs, qu'elle prendra *sur notre-* » *dit trésor à Paris;* jusqu'à ce que nous les lui ayons » fait asseoir bien et convenablement.

» Pour cette même cause, avons donné à notredit cou- » sin sept mille livres parisis de annuelle et perpétuelle » rente, *sur notredit trésor.*

» Les dessus dites cinq mille livres tournois de rente, » les autres trois mille livres tournois de rente ou de terre, » et les autres sept mille livres de rente parisis, notredite » cousine et sesdits hoirs, et notredit cousin, à cause » d'elle, *tiendront en baronie et pairie, à une foi et hommage* » *de nous et de nos successeurs rois de France.*

« Si notredite cousine trépassoit de ce siècle, sans » hoirs loyals et naturels de son propre corps, ou si elle » laissoit tels hoirs et ils trépassoient tous de ce siècle sans » hoirs loyals et naturels de leurs propres corps, lesdites » comtés d'Angoulême et de Mortaing, et autres rentes et » héritages baillés à eux par le roi Charles-le-Bel, et les » dites cinq mille, trois mille et sept mille livres de rente » *retourneront à nous et à nos successeurs rois de France,* » entièrement et sans contredit.

» Sauf que nous voulons qu'après le décès de notre- » dite cousine, soit qu'elle laisse hoirs de son propre corps » ou non, notredit cousin son mari ait, à sa vie tant seu- » lement, la moitié desdits comtés, terres et rentes, sans » que les hoirs qu'il auroit d'autres femmes que notredite » cousine y aient ou prennent rien. »

Eh bien, Messieurs, est-ce là un achat à *titre privé!* Voilà un roi qui fait des délégations sur le trésor royal, sur *son trésor à Paris.* Il érige les rentes qu'il donne en *baronnie et pairie,* à une foi et hommage de lui et *ses successeurs rois de France.* Il se réserve le retour à lui et *ses successeurs rois de France.* Ce retour frappe non-seulement sur les choses données par le roi lui-même qui stipule, mais aussi sur les choses données par son prédécesseur comme roi! Et c'est comme particulier que ce roi agit! c'est dans son seul intérêt privé qu'il stipule! c'est là un *achat* comme ceux qu'on fait par-devant notaires! C'est, Messieurs, ce qui ne peut se soutenir.

Répétons que c'était là une transaction politique qui, lors même qu'elle n'eût eu pour objet que le comté de Champagne, lors même qu'en 1335 les effets propres au principe de l'union tacite eussent été susceptibles de quelque controverse, a assuré pour toujours au domaine royal la propriété du comté de Champagne.

Et il faut que vous sachiez sur-le-champ, Messieurs, que ce traité du 14 mai 1335 a été ratifié, de la manière la plus formelle et avec serment sur les saints évangiles, par Philippe, roi de Navarre et comte d'Evreux, et par sa femme, qui, suivant l'usage alors adopté entre les rois, ont donné personnellement, à cet effet, des lettres-patentes, datées du mois de juillet 1336, dans lesquelles sont répétées mot pour mot les clauses du traité que nous venons de lire, et où l'on trouve même diverses expressions par lesquelles nous pourrions, s'il était nécessaire, prouver encore combien il est vrai que c'était au profit de la couronne de France, et non au profit d'un particulier, qu'étaient faites les renonciations définitives qui en sont l'objet et qui comprennent nommément la Champagne et la Brie.

Ajoutons que les trois mille livres de rente, qui, aux termes du traité du 14 mai 1335, devaient être assises en terres, l'ont été en terres situées dans l'Aunis et dans la Saintonge; et qu'il a été donné, à cet effet, par le roi de France, de nouvelles lettres-patentes du mois de juin 1339, et par le roi et la reine de Navarre, d'autres lettres-patentes du même mois par lesquelles ils ont déclaré qu'ils avaient cette assignation pour agréable et qu'ils l'acceptaient.

Les traités antérieurs de 1316, 1317 et 1327 présentent aussi évidemment le caractère d'actes politiques faits par les rois Philippe-le-Long et Charles-le-Bel, en leur qualité de rois. On y retrouve, en effet, partout les mêmes réserves de retour *à eux et leurs successeurs rois de France;* et, à chaque ligne, on voit le chef de l'État agissant pour l'État, et non dans un intérêt privé véritablement inadmissible. Le traité de 1317 est surtout remarquable, en ce qu'il dit textuellement qu'il ne s'agissait pas seulement de prétentions à la Champagne et à la Brie, mais bien aussi à la couronne de France.

En terminant sur ce point, nous devons relever encore une allégation du mémoire des héritiers de Soubise. On y dit que le comté d'Angoulême et la châtellenie de Mortaing, abandonnés par le roi dans le traité de 1317, étaient des *biens privés*. C'est,

Messieurs, une erreur complète : ces biens dépendaient du domaine de l'État. Nous pourrions accumuler les preuves : mais le traité de 1317 lui-même suffit ; car il y est dit que, si ce n'est pas assez du comté d'Angoulême pour l'assiette des 15,000 livres de terres promises (1), « le *remanant* sera assis EN NOS DO- » MAINES DE LA SÉNÉCHAUSSÉE DE SAINTONGE, » *et ce qui en défaudroit en la chastellenie de Mor-* » *taing.* » C'étaient donc bien des domaines de l'État qui étaient délivrés pour l'assiette de la rente. Et d'ailleurs, nous l'avons déjà dit, cette création d'un *domaine privé* n'est qu'une chimère. Puis, n'est-il pas évident qu'il y aurait eu absurdité au roi de payer, de ses domaines privés, une transaction faite pour lui et *ses successeurs rois de France*, c'est-à-dire pour l'Etat, et dans laquelle même on lit en termes exprès une *clause de retour à la couronne* qui embrasse précisément Angoulême et Mortaing ?

Charles-le-Mauvais.

On insiste toutefois, et l'on prétend que, depuis 1335 jusqu'à 1384, le roi de Navarre Charles-le-Mauvais, fils de Philippe roi de Navarre et comte d'Evreux et de Jeanne reine de Navarre, aurait présenté lui-même des réclamations qui avaient pour objet les comtés de Champagne et de Brie ; et l'on argumente de ce que, même dans un traité fait en 1404 avec son fils, il a encore été parlé du comté de Champagne.

---

(1) Archives du royaume, *section historique.*

D'abord l'argument prouverait trop. On ne veut voir de réunion des comtés de Champagne et de Brie que par les lettres d'union expresse données en 1361, au mois de novembre, par le roi Jean; et, en même temps, on vient dire qu'en 1384, bien postérieurement à ces lettres, et même jusqu'en 1404, des prétentions se sont reproduites, de la part de Charles-le-Mauvais et de son fils. Mais, à quoi donc, alors, aurait servi cette union expresse à laquelle on accorde tant de pouvoir!

Laissons de côté, Messieurs, les prétentions de Charles-le-Mauvais. Voulez-vous, au surplus, les connaître! Lisez, si vous en avez le courage, l'immense discussion qui existe à cet égard dans le mémoire produit au conseil du roi en 1779; vous y verrez discutés, depuis le premier jusqu'au dernier, tous les traités qui ont existé entre les rois de France et Charles-le-Mauvais et son fils. Vous verrez que, loin d'insister dans ses réclamations sur le comté de Champagne, le roi de Navarre se tint, au contraire, comme battu à cet égard.

Et quand bien même il en eût été autrement, ne vous rappelez-vous pas quel était l'état de la France lors de ces séditions perpétuelles, de ces guerres interminables suscitées par Charles-le-Mauvais! Qui ne sait à quelles extrémités déplorables était réduit le royaume, lorsqu'à la captivité du roi Jean et à sa mort succédèrent ces troubles dirigés par le roi de Navarre et le prévôt Marcel! Le trône ménacé, la

France partout en butte aux attaques des Anglais, aux brigandages et aux trahisons de cet indigne roi, qui se faisait un jeu des sermens, et qui, à défaut d'ennemis, suscitait partout des assassins et des empoisonneurs; tel était le triste spectacle de ce temps de calamité. Et l'on vient argumenter des prétentions de cet homme dont la vie fut une série de forfaits, et qui a si bien mérité le nom que lui a donné l'histoire! Mais, dire que telle prétention fut élevée par Charles-le-Mauvais, c'est dire en même temps qu'elle était injuste, révoltante, intolérable.

Oui, sans doute, il importerait peu de quelle manière la propriété du comté de Champagne aurait été envisagée par Charles-le-Mauvais, ou même comment, dans les dures extrémités où ils étaient réduits, Charles V ou le malheureux Charles VI en auraient parlé dans des traités. Mais, Messieurs, ces traités nous les avons suivis d'un bout à l'autre, et nous n'y avons rien vu, si ce n'est la preuve évidente que le comté de Champagne (tant les droits de la couronne étaient manifestes à cet égard) n'entra presque pour rien, si même il entra jamais pour quelque chose, dans les réclamations exorbitantes du roi de Navarre.

Nous disons que les droits de la couronne étaient manifestes : et en effet, principe de l'union tacite, arrêts solonnels, et transaction définitive, tout se réunissait pour les soustraire à la discussion.

Mais, répétons-le, Messieurs, le traité de 1335 existe. Ce n'est pas là une pièce qu'on puisse révoquer en doute ; il a été conservé au trésor des chartes ; l'expédition authentique en est jointe au dossier. Aussi on ne le méconnaît pas, on ne peut pas le méconnaître. On est réduit à soutenir que, depuis 1335, la Champagne et la Brie n'ont encore été que des *domaines privés* entre les mains de Philippe de Valois et du roi Jean, son fils.

Complément de réfutation par le traité de 1335.

Y pense-t-on bien vraiment! A la mort de Philippe de Valois, ces deux provinces sont passées tout entières, et sans la moindre distraction, au roi Jean son fils qui lui succédait au trône. Mais, outre son fils, Philippe de Valois avait deux filles qui auraient évidemment eu droit aux *domaines privés* de leur père. Et comment donc ni l'une ni l'autre n'ont-elles rien recueilli et même rien réclamé de la Champagne et de la Brie! Pourquoi donc ces deux provinces étaient-elles confondues parmi les autres domaines de la couronne! Eh quoi! malgré ces preuves de domanialité, il faut que nous admettions ce système incroyable de *deux provinces* réduites à la condition de *domaines privés*, et cela pendant 47 ans (si l'on part de 1314), ou du moins pendant 26 ans (si l'on ne veut partir que de 1335)! Quoi! le roi Jean, et avant lui son père, auraient pu disposer à leur gré des provinces de Champagne et de Brie! Ils auraient pu les vendre comme on vend un immeuble! Et cependant c'étaient et le domaine de l'État et le *trésor royal à Paris* qui avaient fourni les indemnités pour éteindre les réclamations !

Non, Messieurs. Ne veut-on pas admettre la réunion de la Champagne en 1314, 1316 et 1321, par l'effet du principe de l'union tacite ? soit. Mais il faut, du moins, reconnaître son incorporation au domaine de l'État, en 1335. Devant cette date, toutes les controverses tombent : c'est ce que reconnaissent une foule d'auteurs, et notamment un savant cité par les héritiers de Soubise eux-mêmes, M. Secousse, tant dans une note (1) insérée dans la collection des ordonnances du Louvre, que dans un mémoire (2) de lui, déposé à l'académie des inscriptions, sur cette question même, de l'époque de la réunion de la Champagne à la France.

Nous pourrions aller plus loin, et dire : Ne veut-on pas qu'en 1335 la Champagne et la Brie se soient trouvées immédiatement réunies au domaine de la couronne ? soit encore. Eh bien ! c'est un principe constant que *l'administration confuse* d'un bien avec le domaine de la couronne l'assimile au domaine et lui en confère la qualité. Ce principe ne date pas de l'édit de 1566, comme cet édit l'indique si clairement dans son préambule, et comme cela nous est d'ailleurs attesté par les plus anciennes ordonnances du domaine et aussi par Choppin (3), La Guesle (4), et

---

(1) Ordonnances des Rois de France, tome IV, page 212, note *d*.

(2) *Mémoires de l'Académie des inscriptions et belles-lettres*, année 1743, tome XVII, page 295.

(3) Choppin, *de Doman.*, lib. I, tit. II. *Idem*, tit. VI.

(4) La Guesle, *quatrième remontrance*.

tant d'autres. Or (sans parler de la possession des rois Louis-le-Hutin, Philippe-le-Long et Charles-le-Bel) il suffirait que, depuis 1335 jusqu'à avril 1361, il y eût eu administration confuse et possession à titre de rois, par Philippe de Valois et le roi Jean, pour que la Champagne et la Brie fussent devenues incontestablement des domaines de la couronne.

Vous le voyez, Messieurs, les preuves de la domanialité surabondent.

IV PROPOS – Lettres expr acte pc

Parlons maintenant des lettres d'union, de novembre 1361 ; et restituons-leur le véritable caractère qui leur appartient.

Ces lettres n'ont pas seulement pour objet les comtés de Champagne et de Brie ; elles embrassent dans leurs dispositions le duché de Bourgogne, le comté de Toulouse et le duché de Normandie. C'était évidemment un acte politique dicté au roi Jean par plusieurs considérations dont la première était d'effacer, autant que possible, la douleur, et, nous pouvons le dire, la honte du traité de Brétigny.

Philippe de Rouvres, dont il se trouvait héritier par les droits du sang, et qui était le dernier apanagiste du duché de Bourgogne, meurt, le 21 septembre 1361, à l'âge de quatorze ans. Cet événement investit, d'une manière inespérée, de la propriété du duché de Bourgogne, le roi Jean sorti de captivité quelque mois auparavant. Il avait droit à ce duché à-la-fois comme héritier du sang, et comme roi de

France par le retour de l'apanage. Que fait-il? il fait valoir son titre personnel d'héritier, et s'empresse de donner des lettres solennelles par lesquelles il déclare unir à la couronne de France non-seulement la Bourgogne, mais aussi d'autres provinces également considérables. Quel était son motif? Il est facile de l'apercevoir. Cette recherche se présentait dans le procès relatif à la baronnie de Montbar dont nous vous parlions à l'autre audience, et M.e Husson, avocat au Parlement de Paris, auteur d'un factum célèbre joint aux Œuvres de Duplessis, tout en cherchant à expliquer dans l'intérêt de sa cause le parti pris par le roi Jean, ne peut pas dissimuler toutefois que ce roi eût un intérêt politique à se présenter comme ramenant à la couronne un certain nombre de domaines, lui pour qui le traité de Brétigny venait de distraire du domaine de la couronne tant de dépendances importantes. Voici les expressions de M.e Husson (1) : « Les affaires du royaume étoient si » déplorées par les pertes que la prison de ce monarque y » avoit causées, qu'il regarda d'abord la succession de » Philippe de Rouvres comme une espèce de bonne fortune, » en tant qu'elle lui donnoit moyen de remplacer, en » quelque manière, les aliénations de tant de provinces, » villes et domaines qu'il avoit été nécessité de consentir » et de faire par le traité conclu à Brétigny le 8 mai 1360. » C'est pourquoi le premier dessein qu'il eut fut de conso» lider et d'incorporer le duché de Bourgogne au patrimoine » royal. »

(1) *Factum*, page 86 (tome II des œuvres de Duplessis).

Les lettres de novembre 1361 portent, au surplus, elles-mêmes la preuve de la pensée du roi Jean; il y rappelle les sacrifices qui ont été faits pour lui (1) : « Non modicum nostra corona, in sui alienatione patrimonii » per nos factâ, passa est detrimentum. Quod sic fieri, » nobis et reipublicæ credidimus expedire ut quod bello- » rum calamitas introduxit, hâc presentis pacis lenitate » sopiatur. «

Sans doute le roi Jean pouvait disposer au profit de l'État des droits qu'il avait à la Bourgogne, comme héritier de Philippe de Rouvres. Mais, à côté de ce titre d'héritier, marchait aussi le titre de roi. Or, pour une terre donnée en apanage, et qui faisait de droit retour à la couronne par la mort sans enfans de l'apanagiste, le titre de roi prévalait évidemment sur celui d'héritier; ou, pour mieux dire, le titre d'héritier était nul, puisqu'il ne donnait aucun droit à l'apanage. Et cependant, c'est le seul titre d'héritier que fait valoir le roi Jean ! il s'abstient même de parler du droit de la couronne par l'extinction de la race apanagée ! Rien n'est plus évident, le roi Jean voulait avoir l'air *de donner de son chef,* d'indemniser l'État, ou, comme on l'a dit, il donnait à l'État ce qui déjà appartenait à l'État.

Le roi Jean réunit, par les mêmes lettres, le comté de Toulouse à la couronne. Mais, comme nous l'avons déjà dit, depuis 86 ans (c'était là un peu plus que les 10 ans d'administration confuse dont parle l'édit de

Comt de Toul

(1) Ordonnances des Rois de France, tome IV, page 212.

1566) les rois de France en jouissaient, non comme domaine privé (car alors il eût été bien des fois partagé), mais comme dépendance de la couronne. Qu'était donc cet acte de 1361, si ce n'est, comme le dit l'édit de 1607, une pure *déclaration* qui n'ajoutait rien au droit de l'État ?

Duché
Normandie.

Enfin, par les mêmes lettres, le roi Jean réunit encore à la couronne la Normandie. Mais, depuis 159 ans (c'était encore là un peu plus que les 10 ans de l'édit de 1566), depuis 159 ans, la Normandie était encore une dépendance de la couronne ! Et il faut avouer que la négligence des rois précédens eût été grande, inexplicable, si (à supposer cette réunion expresse nécessaire pour constituer les droits de la couronne) ils avaient tous, et pendant tant d'années, oublié de l'opérer.

Mais on fait remarquer que la Normandie a été réunie à la couronne par confiscation pour cause de félonie, et l'on ajoute qu'une semblable confiscation ne profitait pas à l'État, mais au seigneur suzerain. C'est là, Messieurs, un point de doctrine que nous pourrions facilement contredire, dans ses conséquences appliquées au seigneur suzerain qui est en même temps roi ; mais il suffit de répondre, avec l'histoire et les jurisconsultes, que la Normandie n'a pas été acquise seulement par confiscation pour cause de félonie, mais aussi par droit de conquête. Chacun sait, en effet, que ce ne fut pas assez de l'arrêt de 1202, prononcé contre Jean-sans-Terre, et qu'il fallut employer la force des armes. Or, au cas de conquête, la réunion à la couronne a toujours été de droit.

Vous avez donc apprécié, Messieurs, les lettres de novembre 1361. Le procureur général La Guesle les avait appréciées aussi; il les nomme (1) « *une déclaration imaginaire.* » Cette opinion est si fondée, qu'elle se retrouve partout dans les auteurs les plus accrédités, qui ne se sont jamais arrêtés à ces lettres. M. Henrion de Pensey, dans son ouvrage intitulé *Des Pairs de France,* suit les divers âges de la pairie. Dans son chapitre III, intitulé *Deuxième âge de la pairie,* il s'occupe des pairies de Normandie, de Toulouse et de Champagne, et il recherche à quelle époque elles ont été réunies à la couronne, et ont par conséquent cessé d'exister. Voyons s'il part des lettres d'union du roi Jean; lisons (2) : « Ce deuxième » âge (de la pairie) date de *l'an 1297.* A cette époque, » des six pairies de France, trois, savoir, Normandie, » Toulouse et Champagne, étaient rentrées dans la main » du roi : la première, par suite de la confiscation pro- » noncée par l'arrêt de l'an 1202; la seconde, en vertu » du traité passé entre saint Louis et Raymond, comte de » Toulouse, en 1228; la troisième, par le mariage de » Philippe-le-Bel avec Jeanne, comtesse de Champagne. » Autorités.

Vous retrouvez là, Messieurs, les dates que vous connaissez, et vous voyez que le grave et savant auteur laisse de côté les lettres d'union de 1361,

(1) La Guesle, *quatrième question*, page 152.

(2) Henrion de Pensey, *des Pairs de France*, 1816, page 36 et 37.

desquelles on peut si justement dire, avec l'édit de 1607, qu'elles étaient (et tout au plus) *déclaratives* et nullement *constitutives* du droit de l'État.

Maintenant, peu importe que, dans ces lettres, le roi Jean ait employé ces mots *donamus, unimus* et cet *ex nunc* dont on argumente tant. Ces expressions, non plus que le *comitatus regni* ou *de regno* de Bartholе, ne peuvent rien changer aux faits et aux principes.

Confirmation de ce qui précède.

Mais, Messieurs, le roi Jean avait encore un autre but en faisant cette union expresse et solennelle. Des quatre provinces réunies, trois étaient si voisines de la capitale, qu'elles l'entouraient presque en tous sens dans leur immense territoire. Trop d'exemples avaient montré le danger du voisinage de ces grands vassaux, dont la puissance balançait celle des rois. Il importait donc que la Champagne, la Bourgogne et la Normandie ne fussent plus désormais distraits de la couronne, même pour former des apanages pour les enfans ou les frères des rois. C'est ce que le roi Jean voulut assurer par ses lettres de novembre 1361.

Tout y montre cette intention. Le roi Jean prend à témoin son serment de fidélité envers sa couronne; il en fait un nouveau sur les saints évangiles; il ordonne que ses successeurs jureront à leur sacre de maintenir cette union; il prend une garantie anticipée d'exécution, relativement à la Normandie, en exigeant, dès à présent, le serment de son fils (depuis Charles V), qui avait alors cette province en apanage ; *clauses extraordinaires*, comme le dit La Guesle (1), qui montraient que *ce n'était pas une union ordinaire au domaine, mais à la couronne*, et qu'elle avait pour but « qu'il n'y eût plus de tels ducs » et comtes, et que de là en avant les seuls rois seroient » seigneurs de ces duchés et comtés, non féodaux et sou- » verains comme toujours, mais domaniaux. »

Le roi Jean oublia trop tôt ces prudentes inspirations, puisque, en 1363, égaré par son affection pour son dernier fils Philippe, et cédant, comme dit La Guesle (2), à cette *légèreté française qui passe souvent par dessus toutes considérations*, il donna à ce fils, en échange de la Touraine, la Bourgogne en apanage, disposition confirmée depuis par le roi Charles V, et qui leur est si justement reprochée par les publicistes (3) et par les historiens (4), et qui eut effectivement pour la France des suites qui ont trop bien justifié la prévoyance des lettres de novembre 1361.

V.e PROPOSITION.

Les lettres d'assignation dotale prouvent la domanialité.

Jusqu'à présent, Messieurs, nous n'avons traité, nous pouvons le dire, que des généralités ; et cependant, il nous semble que déjà plusieurs points impor-

(1) La Guesle, *quatrième remontrance*, pages 155, 156.

(2) *Ibid.*, page 157.

(3) Choppin, *de doman.*, lib. 1, tit. V. — La Guesle, *quatrième remontrance*, pages 155, 156, 189. — Dupuy, *des droits du Roi*; traité duché de Bourgogne, p. 481.

(4) Hénault, 1768, années 1361, 1362 et 1363.

tans sont établis, et qu'il est démontré que le système des héritiers de Soubise péche par la base. Nous allons entrer enfin dans le véritable procès, qui, suivant nous, est tout entier dans les lettres d'avril 1361, relatives au comté de Vertus. La discussion circonscrite dans ce point, vous allez voir, Messieurs, jusqu'à quel degré la démonstration va arriver.

Voici ces lettres-patentes; et vraiment, en les ouvrant, nous sommes tenté de nous reprocher d'avoir parcouru tant d'espace pour démontrer la domanialité du comté de Vertus, car elle y est écrite en toutes lettres.

Sommières. D'abord Sommières (cette terre sur laquelle la dot d'Isabelle de France avait été primitivement assise, et en échange de laquelle, et sur la demande de Jea Galéas et d'Isabelle, la dot a été reportée sur le comté de Vertus), Sommières était domanial. C'est un point qu'on ne peut pas contester, car les lettres d'avril 1361 le disent formellement.

En effet, elles rappellent, en ces termes, la requête de Jean Galéas et d'Isabelle : « *Cùm ex parte filii*
» *filiæ nostrorum nobis fuit supplicatum ut dictum cas*
» *trum et villam* (de Sommières) *cum suis pertinentiis,*
» *retinentes, et AD NOSTRUM DOMANIUM REPO-*
» *NENTES, dictam dotem in aliis locis propinquio*
» *ribus nobis quàm sit locus de Sommederio, assignare*
» *et tradere dignaremus....* »

AD NOSTRUM DOMANIUM REPONENTES: voilà, ce semble, des expressions assez claires.

Les lettres continuent : « *Nos supplicationi eorum* » *annuentes*, *dictam assignationem dotis in castro et* » *villâ de Sommederio revocantes*, *et AD NOSTRUM* » *REGIUM DOMANIUM*, *PROUT ANTEÀ FUERUNT* » *tenore præsentium REPONENTES....*

Cette fois le mot y est en entier, et toute équivoque est impossible : *AD NOSTRUM REGIUM DOMANIUM PROUT ANTEÀ FUERUNT*, *reponentes.*

A quoi sert d'ajouter, maintenant, que tout le reste de l'assignation dotale sur Sommières prouvait que cette terre était un domaine de la couronne ! Réserve de la foi et hommage au profit du roi *et de ses successeurs rois de France ;* retour stipulé au profit du roi et de *ses successeurs rois de France*, &c. &c.

Passons au comté de Vertus. On se demande, d'abord, comment le roi Jean va donner, en remplacement du comté de Sommières, *qui est du domaine de la couronne*, un autre comté qui est *de son domaine privé :* mais, s'il agit ainsi, il est évidemment lésé. Vertus.

Est-ce Jean Galéas et Isabelle qui réclament un domaine privé pour pouvoir en disposer et le transmettre comme bien libre ! non, les lettres disent le contraire : Galéas et Isabelle demandent seulement un bien situé *plus près* de la résidence royale.

Est-ce le roi Jean qui, de lui-même, se plaît à leur donner un bien libre, en remplacement d'un bien qui ne l'était pas ! Mais il va le dire dans ces lettres (où les paroles ne sont pas épargnées) ; il faut même nécessairement qu'il le dise, pour la conservation de ces droits privés dont on parle. Rien de pareil, ou, pour mieux dire, c'est absolument le contraire : le roi Jean dit son seul motif: « *Volentes frequentiùs ipsos videre.* » Nous pourrions nous arrêter là, et dire : Il est prouvé que Vertus était domanial. Mais, comme les lettres elles-mêmes le disent, lisons. (Après la clause de constitution sur Vertus, viennent ces mots) : « *Prædicta omnia et singula ad nos* ET SUCCESSORES NOSTROS REGES FRANCIÆ, *tanquàm domanium proprium, revertantur.* »

» *Ad nos* ET SUCCESSORES NOSTROS REGES FRANCIÆ, *tanquàm domanium proprium !* » il semble que ces expressions soient assez positives.

Cependant, on équivoque sur le mot *proprium* : vous le voyez, dit-on, Vertus retournera comme *domaine privé*, donc, il était *domaine privé*. Singulière traduction vraiment! Et où voit-on qu'un domaine PROPRE AUX ROIS DE FRANCE, soit un *domaine privé* ! Et que signifient donc les mots qui précèdent immédiatement : « *ad nos* ET SUCCESSORES NOSTROS REGES FRANCIÆ » ! Quoi ! voilà un domaine qui va suivant l'ordre de succession, non pas *de la famille*, mais *de la couronne ;* et ce sera là un *domaine privé !* Puis, la concession et la réserve, en quelle qualité le roi Jean les fait-il ! Lisons encore : « *auctoritate regiâ, ex certâ scientiâ* ». Et c'est là un *domaine privé*.

Au surplus, poursuivons : « Eisdem *nostris gentibus » cameræ computorum*, atque thesaurariis, baillivis, et re- » ceptoribus, et aliis *justiciariis nostris et SUCCESSORUM » NOSTRORUM*, præcipimus in mandato quatenùs dictos » conjuges, vel eorum procuratorem pro ipsis, de suprà » dictis universis et singulis gaudere et uti pacificè, uti » præfertur, faciant et permittant, *nonobstante quòd DE » NOSTRO REGIO FUERINT DOMANIO, ordinationibus- » que et statutis factis seu faciendis in contrarium*, si quæsint » aut fuerint qualescumque. »

Nonobstante quòd DE NOSTRO REGIO FUERINT DOMANIO : nous le demandons, Messieurs que peut-on trouver de plus positif que cela !

Quoi de plus positif aussi que ces mots : (nonobstantibus) *ordinationibus et statutis factis seu faciendis in contrarium!* S'il s'agit de *biens privés*, où sont donc les ordonnances et les statuts qui défendent d'en disposer ! S'il s'agit, au contraire, d'un bien dépendant du domaine de la couronne, rien de plus simple, et la clause se comprend parfaitement.

En effet, déjà plusieurs ordonnances avaient été rendues sur le fait du domaine. Dès 1318, toutes les donations depuis Saint Louis avaient été révoquées. Le 5 avril 1321, nouvelle révocation des mêmes donations. Et le roi Jean lui-même avait révoqué, en 1360, toutes les aliénations depuis Philippe le Bel ; car, remarquons-le sur-le-champ, ce roi fut l'un de ceux qui travaillèrent avec le plus de ferveur au maintien des règles concernant le domaine, comme le dit son fils et successeur dans une ordonnance de septembre 1366 (1), relative à la ville de Doullens, où, soit dit en passant, on retrouve nombre de fois les mots *nostrum proprium domanium,* ne signifiant qu'une seule et même chose avec ceux *domanium regium.*

Ajouterons-nous, maintenant, que tout le reste des lettres d'avril 1361 montre, à chaque ligne, dans Vertus, le domaine royal? Il est administré par des officiers royaux, sous la direction des baillis de Chaumont et de Vitry, dans le ressort desquels il est situé. C'est la chambre des comptes qui reçoit la comptabilité de ces officiers, comme elle fait pour tous les domaines de la couronne. Réserve de la foi et hommage pour le roi et *ses successeurs rois de France.* Clause de retour au profit du roi et de *ses successeurs rois de France,* &c. &c.

C'en est assez, et trop sans doute.

Mais, pour échapper à des preuves si pressantes, on argumente, dans l'intérêt des héritiers de Soubise, de ces expressions : « Prædictum comitatum, cum juribus, redditi-
» bus, emolumentis et commodis universis, usque ad quantita-
» tem et valorem trium millium librarum turronensium
» annui et perpetui redditûs, prædictæ filiæ nostræ et præ-
» dicto viro suo, in dotem, seu pro dote et dotis nomine,
» ut sint in perpetuum propria hæreditas dictæ filiæ nostr
» et liberorum suorum quos de ipsâ et de dicto viro su
» procreari et exire contigerit, constante matrimonio inte
» ipsos, et omnium descendentium ex ipsis, damus et co

(1) Ordonnances des Rois de France, tome IV, page 687.

» cedimus et pleno jure tradimus per præsentes, nihil in eis » penitùs retinentes, exceptis homagio, quod nobis et suc- » cessoribus nostris Franciæ regibus, unà cum superioritate » et ressorto in nostro parlamento regio Pariensi, perpetuò » retinemus. »

Vous le voyez, dit-on, *in dotem, seu pro dote et dotis nomine,* c'est là une constitution dotale ordinaire : *ut sint in perpetuum propria hæreditas*, c'est là un don de pleine propriété : et le roi ne retient que la foi et hommage, la suzeraineté et le ressort; *nihil in eis penitùs retinentes, exceptis* &c.

Non, Messieurs, ce n'est pas là une constitution de dot ordinaire; car un bien donné en dot est naturellement transmissible aux héritiers collatéraux, de même qu'aux enfans de la personne dotée. Or, ici, il n'en est pas ainsi : le bien donné ne sera transmis qu'à la fille du roi Jean, aux enfans de cette fille et aux descendans de ses enfans; les collatéraux sont exclus.

Non, ce n'est pas là un don de pleine propriété, puisque la clause elle-même limite et fixe les personnes qui seules pourront en jouir (les enfans et descendans). Non, ce n'est pas là un don de pleine propriété; car, deux lignes plus bas, est une clause de réversion perpétuelle, dont nous parlerons tout-à-l'heure plus amplement. Non, enfin, ce n'est pas là un don de pleine propriété; car il s'agit d'un bien dépendant du domaine de la couronne.

On conteste, il est vrai, cette qualité à Vertus; mais on ne la conteste pas à Sommières. Eh bien! lisez, dans les mêmes lettres, la dotation primitive sur Som-

M

mières; mot à mot, sans qu'il y manque une syllabe, les mêmes expressions : « *In dotem, seu pro dote et* » *dotis nomine, ut sint in perpetuum propria hœre-* » *ditas*, &c. » Or, nous le répétons, Sommières était domanial; on l'avoue, on ne peut le contester. Quelle est donc la valeur d'une argumentation qui tend à faire comprendre, dans les mêmes lettres, les mêmes mots, d'une façon pour Sommières, et d'une façon tout opposée pour Vertus !

VI.° PROPOSITION. — Les actes d'exécution prouvent la domanialité.

Que le comté de Vertus dépendît du domaine de la couronne, c'est, Messieurs, ce que prouvent aussi les actes d'exécution.

La dotation d'avril 1361 faite, il s'agissait d'établir la prisée pour l'assiette des 3,000 livres de rente. En 1366 (nous l'avons déjà vu) on procède à cette prisée. C'est « Notre amé et féal clerc maistre Colart Caton, et » Jacques Soyer, notre procureur au bailliage de Vitry, » qui sont nommés commissaires à cet effet par le roi; leurs pouvoirs sont du 29 avril 1366. Nous avons vérifié les pouvoirs qui leur sont également donnés par la chambre des comptes, et qui ont été portés sur ses registres. Or, parcourons le procès-verbal de cette prisée, faite contradictoirement avec les officiers de Galéas et d'Isabelle; nous allons, à chaque page, y retrouver la preuve de la domanialité de Vertus:

Prisée de 1366.

« Le *roy* a accoutumé de prendre sur *son domaine* en la » ville de Vertus, sur chacun de ses bourgeois, un septier » d'avoine, &c.....

» Le prieur de Vertus, pour le temps que *le roy notre sire* » tenoit *en son domaine* ladite ville de Vertus, &c.... » Item, en ladite ville, plusieurs maisons et mazures qui » furent aux juifs, qui échurent *au roy* comme *bien va-* » *cant*, &c.....

» La haute justice de Brannoy qui est *au roy notre sire de* » *son domaine*, &c.

» Par le dénombrement du doyen et chapitre de la *cha-* » *pelle royale*, qui est église collégiale de Saint-Jehan de » Vertus, dont la collation et don des prébendes appartient » *au roy notre sire*, &c....

» Item, la forêt *du roy*, &c. &c. &c.

Nous croyons inutile, Messieurs, de vous fatiguer de tant d'autres citations que nous pourrions faire : il faut, cependant, vous faire connaître encore ce passage : « Les religieux de Clairvaux... nous ont rapporté » copie de certains priviléges confirmés *du roy défunt*, et » encore *du roy notre sire qui est à présent*, ès quels priviléges » en est contenu qui ne les peut mettre *hors de sa main*, ne » son ressort..... »

Beaucoup d'autres individus prétendaient aussi qu'ils avaient le privilége de ne pouvoir être mis hors de la main du roi, et ils présentaient à cet égard des lettres particulières tant des anciens comtes de Champagne, que du roi de France. Ce fut la chambre des comptes qui fut appelée à statuer sur ces prétentions.

D'un autre côté, Jean Galéas réclamait contre la prisée, dont le résultat avait été une évaluation totale du comté de Vertus à 3,258 livres 12 sous 3 deniers de rente; ce qui donnait un excédant de 258 liv. 12 sous 3 deniers sur les 3,000 liv. de rentes concédées. La chambre des comptes eut également à statuer. Elle présenta au roi Charles V un projet de transaction, qui fut approuvé par lui dans des lettres-patentes du 9 juin 1375, dont les principaux passages vous feront parfaitement suivre ce qui s'est passé, et vous suggéreront plus d'une observation importante.

Transaction de 1375.

« ..... Laquelle prisée et assiette fut rapportée en la » chambre de noz comptes à Paris, par devers noz amez et » féaulx conseillers les gens d'icelle, et icelle veue, exami- » née, par eux corrigée, advisèrent et ordonnèrent icelle » prisée estre demeurée en ladite value de trois mille deux » cent cinquante - huit livres douze solz trois deniers de » rente par an, rabattues les charges......

» Et il soit ainsi que nostre amé Bertran Ganisch, es- » cuyer, gouverneur dudit conté,........... se soit, puis » naguères, trait par devers nous et nosditz gens des comptes, » et fort dolu et complaint de plusieurs villes et habitans d'i- » celles, nobles et autres dudit conté, qu'il disoit à luy estre » baillés en ladite assiette, lesquelz refusoyent et contre- » disoyent à ressortir aux sieges desditz lieux de Vertus, » Ronnay et de la Ferté, soubs ombre de ce qu'ilz disoient » estre exemps tant par priviléges comme autrement, dont » les noms s'en suyvent........

» Et avecques ce, disoit et maintenoit ledit gouverneur, » ou nom que dessus, que, en ladite prisée, avoit eu plu- » sieurs choses et domaines qui avoyent été prisées en gri- » gneur prix et valeur qu'elles n'estoyent à présent, c'est » assavoir.......

» Auxquelles complaintes et requestes nozditz gens des » comptes pour nous eussent répondu audit gouverneur et » conseil dudit conté; disant que ladite prisée avoit esté » bien et duement par personnes notables, expertes et souf- » fisantes, à ce appelé le procureur dudit conté, comme

» dessus est dit, (le *procureur du comté*, nommé par Jean Galéas, représentait ce dernier et sa femme ; il ne faut pas le confondre avec le procureur du roi au bailliage de Vitry, qui était l'un des deux commissaires du roi) » pour veoir jurer lesdites personnes appelées » à faire ladite prisée, qui en rien ne les contredist, et gar- » dées les autres solempnités selon la coustume du pays en » tel cas accoustumées;

» Et, avecques ce, avoyent nosdits gens assigné aux per- » sonnes et habitans des villes susdites certaines journées » pour montrer et exhiber toutes leurs lettres et priviléges » dont ils vouloyent aider en ladite exemption, lesquelles » avoyent esté veues et examinées par grant et meure dé- » libération;

» Et, avecques ce, faisoyent demande noz dits gens audit » gouverneur, ou nom que dessus, de deux cent cinquante- » huit livres douze sols trois deniers tournois de rente, à » quoy montoyent les singulières parties de l'assiette des- » sus dites, oultre les trois mille livres tournois de rente, » avecque les arrérages à nous deus depuy que la posses- » sion fut baillée réaulement et de fait à nos dits frère et » sœur des dits conté et terres de Vertus et appartenances » d'icelles, qui montoyent, pour treize ans entiers, à trois » mille trois cent soixante-une livres dix-neuf solz trois de- » nier tournois, pour une fois.

» Finablement, pour forclore et estre toute matière de » discort et procez en cette partye, que sur bonne et meure » délibération de conseil, a esté ordonné et transigé par » noz ditz gens des comptes, du consentement dudit gou- » verneur à ce présent en la chambre de noz ditz comptes, » que les habitans de la ville de Clamenges, qui avoyent été » baillez par lesdits commissaires en ladite assiette audit » conté de Vertus, seront exems dudit conté de Vertus,

» et *demoront* à nous et à *nos successeurs roys de France et* » *contes de Champaine;* et, pour ce, a esté dé luit de ladite » prisée et assiette....... »

(Il ne faut pas oublier que ces lettres-patentes sont de 1375, c'est-à-dire de 14 ans postérieures aux lettres d'union expresse du roi Jean; or, voici qu'à cette époque, où bien incontestablement la Champagne était incorporée à la France, Charles V joint au titre de *Rois de France,* pour ses successeurs, le titre de *Comtes de Champagne!* Voudrait-on en tirer la conséquence qu'alors la Champagne n'était pas incorporée à la France? Et ferait-on revenir ici le *comitatus regni* de Barthole? il serait de 14 ans trop tard. Toutefois, on a cité dans le mémoire une autorité qui atteste qu'avant d'être roi de France, Louis-le-Hutin prenait le titre de *roi de Navarre et comte de Champagne.* Oui sans doute; et quelle conséquence à en tirer? Personne n'a jamais prétendu que l'union tacite se fût opérée avant que Louis-le-Hutin fût roi de France. Elle ne pouvait pas s'opérer sous Philippe-le-Bel, qui ne possédait pas ce comté de son chef, mais du chef de sa femme. Quant à Louis-le-Hutin, depuis la mort de sa mère jusqu'à son avénement au trône de France, neuf années se sont écoulées: par la mort de sa mère, il est devenu roi de Navarre et comte de Champagne; et il est tout simple qu'il en ait pris le titre. Et, quand bien même on alléguerait (ce qu'on n'a pas fait) que depuis son avénement au trône de France, il a encore pris dans quelque acte le titre de *comte de Champagne*, qu'en résulterait-il? qu'il a fait ce que Charles V a fait *quatorze ans* après cette réunion expresse dont on argumente tant; qu'il a pris un titre de luxe, comme on en retrouve dans tant de protocoles.)

Mais, continuons notre lecture :

« Item.... *nous demoront* comme dessus.... et pour » ce a esté déduit....

« Item *nous demoront*... Item *nous demoront*... Item. &c.

« Comme des partyes qui sont rabatues comme dict est » soixante livres tournois de rente par an, et les partyes » de ladite prisée montent oultre les ditz trois mille livres » tournois de rente, deux cent cinquante-huit livres douze » solz trois deniers tournois de rente, ainsi nous seroit » deu neuf vingts dix-huit livres douze solz trois deniers » tournois de rente; de laquelle somme, et aussi des ar- » rérages deus par les treize années qui montent à trois » mille trois cent trente-sept livres dix-huit solz trois de- » niers tournois pour une fois comme dessus est dit, ledit » conte de Vertus et ses hoirs ou ayant-cause au temps » advenir demourront quictes et paisiblement dors-en- » avant.....

» Et toutes les autres parties, domaines et villes con- » tenues en ladite prisée et assiette seront et demourront » à toujours de la conté de Vertus et ressort d'iceluy conté. » Et se aucunes d'icelles villes ou des habitans d'icelles, » par vertu ou soubs ombre d'aucunes lettres royaux im- » pétrées ou à impétrer, se veuilloyent et s'efforsoyent » exempter de ressortir audit lieu de Vertus, et procez ou » débat naissoit ou estoit nez sur ce, nostre procureur sera » tenu de soy adjoindre avec ledit gouverneur et procu- » reur dudit conté, et d'en prendre la défense et garantie » pour nous et en nostre nom.

» Lesquelles ordonnances, transaction et accort et toutes » les choses contenues cy-dessus à nous rapportez par nos » ditz gens, nous avons agréables, icelles voulons, louons, » gréons et rattifions, et de certaine science, plaine puis- » sance et autorité royale approuvons; et, d'abondant, la » dite rente de neuf vingt dix-huit livres douze solz trois » deniers tournoys de rente par an, avec les arréraiges » montans trois mille trois cent soixante une livre dix-neuf » solz trois deniers tournoys pour une fois, avons quicté » et donné, quictons et donnons, de grâce espéciale, par » la teneur de ces présentes, se mestier est, audit conte » de Vertus, pour et ou nom des enfans dudict conte et » de nostre dicte seur, et pour contemplation des ditz » mineurs, et voulons qu'ilz en demeurent quictes à tous- » jours.

» Si donnons en mandement par ces mesmes présentes » à nos amés et feaulx les gens de nos ditz comptes, &c.. »

Ainsi, Messieurs, voici une prisée faite par des commissaires nommés par le Roi et par la chambre des comptes, chargée alors de surveiller l'administration des domaines de la couronne; voici ces commissaires qui, en face des officiers de Jean Galéas, répètent à satiété les mots *domaine du roi, domaine royal;* voici des individus qui réclament le privilége de ne pas sortir de la main du roi, et le roi qui les conserve pour lui et ses successeurs; voici la chambre des comptes qui vérifie et arrête la prisée, est appelée à juger toutes les difficultés, entend les parties et propose une transaction; voici le roi qui, comme roi, et de sa pleine puissance, approuve, par lettres-patentes, cette transaction; le voici qui charge son procureur de s'adjoindre au procureur du comté, si désormais quelques villes refusent d'y ressortir; enfin, voilà le roi qui charge de l'exécution de ses lettres patentes la chambre des comptes. Et Vertus n'était pas domanial!

C'en est trop, Messieurs; et maintenant que l'examen des lettres mêmes d'avril 1361 et des actes qui en ont été la suite, nous a conduit à des conséquences aussi irrésistibles, avons-nous besoin d'entrer dans l'examen des questions secondaires? Questions secondaires.

De quelle manière se constituaient les dots des filles de France, depuis la troisième race?

Était-il vrai qu'on pût aliéner irrévocablement une portion du domaine de l'État pour doter une fille de France?

Lorsque certains édits de révocation des concessions du domaine ont mentionné des exceptions en faveur des dotations des filles de France et des douaires des reines, ces exceptions étaient-elles générales, ou ne s'appliquaient-elles qu'aux membres actuellement existans de la famille royale?

Quel a été l'effet de la législation nouvelle, relativement aux dotations et douaires anciens des filles et reines de France?

Qu'était-ce que ces dotations en rentes assises sur des terres? était-ce le don de la terre elle-même? ou bien n'était-ce pas, comme le disent plusieurs auteurs, une sorte d'antichrèse concédée sur tel domaine, avec faculté perpétuelle de rentrée en possession et de rachat!

Dans l'espèce particulière, cela n'est-il pas démontré, tant par le décompte de ces 258 livres 12 sous 3 deniers de rente revenant au roi comme excédant de la prisée, que par les expressions et les dispositions de tous les actes!

Ce sont là, Messieurs, autant de questions sur lesquelles nous nous sommes livré à des recherches assez étendues, et dont l'examen nous conduirait encore à des résultats favorables au système de l'administration des domaines. Nous croyons, toutefois, inutile de les jeter au milieu d'une discussion déjà si prolongée, et qui peut s'en passer. Et, en effet, sur le point que nous venons de traiter, il suffit de prouver, comme nous l'avons fait, que le domaine de Vertus dépendait de la couronne, soit qu'on le considère comme membre du comté de Champagne, et qu'on examine, à cet égard, les principes, les faits et les traités, soit qu'on le considère seulement d'après les lettres elles-mêmes de concession d'avril 1361, et d'après les actes postérieurs.

Nous ne croyons pas non plus, Messieurs, qu'il soit besoin de vous démontrer qu'il ne s'agit pas ici d'une aliénation pour payer la rançon du roi. En payant les 600,000 livres, Galéas duc de Milan n'avait pour but que d'obtenir, pour son fils, la fille du roi de France; et certainement c'était pour lui un assez insigne honneur. Le mariage fait; la condition a été remplie ; et la dot donnée est restée entièrement étrangère à la rançon du roi.

§ II. CLAUSE DE RETOU

Maintenant que nous avons examiné la première des questions principales, occupons-nous de la seconde.

Ici, Messieurs, nous ne rechercherons plus la véritable nature de la dotation d'avril 1361. Nous voulons bien supposer qu'elle contînt et constituât une disposition en toute propriété ; nous nous demandons : Cette disposition était-elle faite avec clause de retour ? C'est désormais la seule question qui nous reste à examiner ; et c'est en ces termes, vous vous le rappelez, qu'elle nous est posée par les lois de 1790 et de l'an 7. Reprenons les lettres.

Dans la première partie, qui contient le récit de la constitution dotale primitive sur Sommières, on mentionne la clause de retour qui avait été établie. Et il est impossible de ne pas remarquer, tout d'abord, que l'idée de la réversion était bien positive dans un acte dans lequel on la trouve répétée deux fois.

La clause est, en effet, aussi précise pour Vertus que pour Sommières ; la voici tout entière : « Quòd si » contigerit dictos Joannem Galeas et Isabellam filiam nos- » tram liberos non procreare ex eorum matrimonio et dic- » tam filiam nostram decedere ante virum suum, idem Joan- » nes Galeas percipiat emolumenta et commoda prædicto- » rum, et totum comitatum (de Vertus) possideat toto tem- » pore vitæ suæ ac si viveret filia nostra. Post verò mortem » ejusdem, cessantibus omnibus causis, *nullis tamen rema-* Texte.

» *nentibus liberis de dicto matrimonio procreatis,* prædicta om-» nia et singula *ad nos et successores nostros reges Franciæ,* » tanquàm nostrum domanium proprium, *revertantur;* ità » etiàm quòd dicta Isabella, Joannes Galeas, *vel liberi des-» cendentes ab ipsis,* comitatum suprà dictum et pertinentias » teneant et possideant in et sub fidelitate, homagio et supe-» rioritate nostri *successorumque nostrorum regum Franciæ,* » tanquàm feodum antiquum et paternum juxtà consuetu-» dines dicti regni. »

Ainsi, clause de retour formelle : « AD NOS ET » SUCCESSORES NOSTROS REGES FRANCIŒ REVER-» TANTUR. »

Objection. Mais, on argumente de ces mots « *nullis rema-» nentibus liberis de dicto matrimonio procreatis* »; et l'on dit : un enfant est né du mariage; c'est Valentine de Milan; elle a survécu à son père et à sa mère; dès-lors tout a été consommé, et la clause de réversion s'est trouvée effacée.

Réponse. D'abord, Messieurs, ne savons-nous pas que, dans le langage des lois et des actes, le mot *liberi* a toujours éte entendu, non-seulement des enfans, mais des pe-tits-enfans ? C'est le texte formel de la loi 220 ff. *de verborum significatione* : « *Liberorum appellatione, nepo-» tes et pronepotes, cæterique qui ex his descendunt, conti-» nentur.* »

Dix lignes plus haut et deux lignes plus bas, les lettres elles-mêmes expliquent ce qu'elles entendent par *liberi.* En faveur de qui la donation royale est-elle faite ? « *Dictæ filiæ nostræ et liberorum suorum ET OM-» NIUM LIBERORUM DESCENDENTIUM EX IP-*

» *sis.* » Qui sont ceux qui devront posséder ! « *Dicta* » *Isabella, Joannes Galeas, vel liberi descendentes ab* » *ipsis.* »

Voilà qui est bien clair ; et l'on ne peut pas séparer le *liberi* de la portion de phrase qu'on cite, du *liberi* des deux portions de la même phrase, qui précèdent et qui suivent.

Ainsi, Messieurs, la donation est faite *limitativement aux enfans et descendans ;* elle n'est pas faite au profit des collatéraux. Certes, en matière de donations ordinaires, et pour des biens aliénables et transmissibles, cela suffirait pour que le retour eût lieu, même sans une clause aussi explicite. Et ici, la clause est explicite et formelle ; et il s'agit d'un domaine inaliénable ! Comment contester le sens d'une pareille clause ?

Mais, quel était le mari d'Isabelle de France ? c'était un étranger. Et l'on veut que le roi Jean ait entendu qu'au cas où cet étranger aurait un fils, ce fils emporterait hors de France la propriété du comté de Vertus ! l'emporterait irrévocablement, et sans aucun espoir de réversion pour la couronne ! La raison et le texte de l'acte repoussent également ce système.

L'autre argument qu'on a imaginé nous paraît dérisoire. Quoi ! parce que la clause de retour se trouve mêlée à la stipulation d'usufruit faite au profit de Jean Galéas (pour le cas où il survivrait sans enfans à sa femme), on veut conclure qu'elle n'est imposée qu'à cet usufruit et non pas à la disposition principale ! à Jean Galéas, et non pas à Isabelle ! Ce n'est là qu'une pure subtilité! On scinde arbitrairement des dispositions qui ne font qu'un seul ensemble. Ce qui précède et ce qui suit dément trop clairement cette singulière interprétation pour que nous croyons devoir insister.

Principe légal.

Les principes parlent aussi haut que le texte. La présomption a toujours été de droit, pour la réversion des biens aliénés au préjudice de l'État, qui est toujours mineur. Aussi voyons-nous la loi du 1.er décembre 1790, en déclarant révocables toutes les aliénations postérieures à 1566, se servir de cette expression « quand même la clause du retour y *serait* » *OMISE* » ; expression qui démontre que la loi considère la clause de retour comme de droit.

Preuve par la nature des anciens fiefs.

Et quelle importante considération ne résulte pas, et de l'époque où se faisait l'acte royal dont nous nous occupons, et de la nature des anciens fiefs!

D'abord concédés à vie, puis devenus héréditaires sous Charles-le-Chauve, mais non livrés au commerce, les fiefs ne sont entrés dans le commerce que sous Charles VII. Or, de quoi s'agissait-il ici! d'un fief mouvant de la couronne, d'un fief considérable érigé en pairie, décoré du titre de comté; en un mot, de ce que l'on nommait *une terre de haute dignité*. Et l'on veut qu'à cette époque où les fiefs n'étaient pas encore *de commerce*, et à l'égard d'un pareil fief, il n'eût été fait qu'une clause de retour illusoire, la seule de cette nature que l'on pourrait trouver dans l'histoire! une clause qui violerait à-la-fois et l'inaliénabilité du domaine de la couronne et l'inaliénabilité des fiefs!

C'est, Messieurs, ce que la raison repousse, aussi bien que le texte de l'acte du roi Jean.

Conséquences.

Donation aux seuls enfans et descendans; réserve de retour, à l'extinction de la race directe : voilà l'économie de cet acte. C'était donc avec juste raison qu'à la mort du dernier duc de Bretagne François II, le procureur général avait commencé ses poursuites en réunion, par application de la clause de retour.

Mais, en supposant que l'on pût faire entrer dans la qualification de *liberi* le bâtard légitimé, celui qui avait été admis à perpétuer le nom et les armes de Bretagne en supposant qu'il y eût lieu de continuer, au profit de lui et de ses descendans, la série de jouissances qui avait déjà couru au profit des descendans légitimes d'Isabelle de France, du moins est-il évident que, en 1746, lorsque cette branche légitimée s'est elle-même éteinte, lorsque les collatéraux seulement se sont trouvés appelés à recueillir la succession du dernier baron d'Avaugour, l'effet de la clause de retour s'est ouvert.

Est-ce à cause de l'existence de cette branche légitimée que le parlement a accordé, en 1533 et 1567, ces deux arrêts provisoires, que Choppin (dont on a parlé) n'approuve (1) qu'en tant que *provisionnels!* N'est-ce pas aussi (ce que semblent indiquer les expressions de cet auteur) parce que (lors du premier arrêt

(1) Choppin, *de Doman.*, lib. III, tit. IV.

du moins) il existait encore, dans la descendance d'Anne de Bretagne, des représentans légitimes d'Isabelle, qui, malgré la donation au profit de la branche légitimée, n'en étaient pas moins virtuellement investis du droit résultant des lettres d'avril 1361 ? Ou bien ces deux arrêts ont-ils été fondés sur le motif de la garantie dont nous avons déjà parlé? C'est, Messieurs, ce qu'il nous importe assez peu de rechercher ici; mais ce qui est certain, nous le répétons, c'est que, en 1746, la réversion au profit de l'État était évidemment accomplie.

Ajoutons, au surplus, ou plutôt redisons que le droit de l'État naît aujourd'hui d'une source plus puissante encore que le fait de la réversion, et que même il n'a nul besoin de ce fait. C'est la loi qui fait aujourd'hui le titre de l'État : elle révoque, et ici, cette révocation n'est subordonnée qu'à deux preuves, 1.° la *domanialité*, et 2.° *l'existence d'une clause de retour.* Ces deux preuves sont acquises.

Et, veuillez remarquer, Messieurs, que la seconde de ces preuves suffirait pour établir la première. En effet, quand même Vertus n'eût pas été domanial en avril 1361, il le serait devenu par la concession même qui en a été faite par le roi Jean, puisque, suivant l'article 3 de l'ordonnance de 1566, toute terre qui a été *aliénée à la charge de retour à la couronne*, est censée *de pareille nature et condition* que le domaine même de la couronne.

§ III, OBJECTIONS COMMUNES.

Quelques mots, maintenant, sur diverses objections qui s'adressent à la fois aux deux points que nous venons de traiter.

Des actes de foi et hommage relatifs à Vertus ont existé depuis 1487 jusqu'à 1748 : et, dans quelques-uns de ces actes, on a indiqué ce comté comme appartenant en propre héritage à ceux qui rendaient foi et hommage ; ou bien ces actes ont été reçus sans réserves positives.

Actes de foi et hommage.

Nous répéterons, d'abord, que ce à quoi il faut toujours revenir, c'est l'acte primitif. Les actes postérieurs n'ont pu y déroger : ils ne l'ont pas pu, surtout, lorsque, bien loin d'être spéciaux à cet effet, ils avaient un tout autre objet, et ne constituaient que le fait même de la partie intéressée.

Oui, sans doute, en règle générale, les apanagistes proprement dits n'avaient pas à rendre foi et hommage pour les biens qu'ils tenaient en apanage. Mais, que conclure de ce qu'un apanagiste, soit par erreur de droit, soit par mauvaise interprétation de son titre, soit peut-être par un calcul intéressé, aura rendu foi et hommage ! Faudra-t-il admettre qu'il a dès-lors, et par son propre fait, changé la nature de sa possession ; qu'il l'a affranchie de la réversibilité à la couronne ; en un mot, qu'il n'est plus apanagiste ! C'est, Messieurs, ce qui répugne à toute idée de justice, et ce qui blesserait trop évidemment les droits de l'État, encore une fois toujours mineur.

Ces vérités sont trop palpables pour que nous

ayons besoin d'approfondir les motifs spéciaux qui exceptaient les apanagistes de la foi et hommage, et de les mettre en balance avec la situation des donataires de *rentes avec assiette en terre* et clause de retour à la couronne.

Il nous suffit d'ajouter que dans tous les actes de foi et hommage, la réserve des droits de l'État était de droit; et qu'ici, d'ailleurs, elle est explicite dans tous ces actes, qui (à l'exception d'un seul peut-être,) finissent par ces mots : « *sauf notre droit et l'autrui.* »

Transaction de 1375.

Mais des lettres-patentes du 9 juin 1375 ont été invoquées dans les plaidoiries et dans les mémoires : ce sont les lettres de Charles V, dont nous venons de vous entretenir, et où il s'agit de régler définitivement l'opération qu'ont faite Colart Caton et Jacques Soyer, pour l'évaluation du revenu de Vertus.

S'il faut en croire le mémoire (pages 3 et 67) et la consultation (page 4), Charles V *règle par une charte les droits de Valentine de Milan, sa nièce, au comté de Vertus; il confirme, comme roi, ce qu'il a fait comme régent; il dit que cette propriété doit passer aux hoirs et ayans-cause de Valentine. « Voulons, dit la » charte, que ses hoirs ou ayans-cause au temps à » venir en demeurent quittes et paisibles possesseurs » dores-en-navant. »*

Loin de nous, Messieurs, nous le répétons avec plaisir, bien loin de nous d'accuser d'inexactitude volontaire les honorables signataires du mémoire et de de la consultation ; mais il n'en est pas moins vrai que, par une erreur dont nous avons déjà expliqué la cause, ils ont fait faire et dire à Charles V tout autre chose que ce qu'il a fait et dit.

Les lettres-patentes du 9 juin 1375, qu'on invoque, ne règlent pas du tout *les droits de Valentine de Milan au comté de Vertus ;* elles ne disent pas du tout *que la propriété de ce comté* passera à *ses héritiers ou ayans-cause ;* la phrase que l'on cite ne s'applique pas du tout à la *propriété ;* et le mot *possesseur* que l'on y place ne se trouve pas dans le texte. Ce texte le voici ; et nous le lisons dans la pièce elle-même, qui a été produite récemment, par les héritiers de Soubise, dans un procès qu'ils ont eu, avec diverses communes, pour des bois dépendant du domaine de Vertus. Un premier passage est relatif à ces *neuf vingts dix-huit livres douze sols trois deniers de rente, et à ces trois mille trois cent trente-sept livres dix-huit sols trois deniers tournois pour une fois,* qui restaient dus au roi, d'après la prisée de Vertus, et dont le roi fait remise. C'est à ces sommes que s'appliquent les expressions que nous avons déjà vues, que voici dans leur exactitude : « *Ledit conte de Vertus et ses hoirs et ayans-» cause au temps advenir demourront quictes et paisi-» blement dores-en-avant.* »

Eh ! quoi de plus simple que cela ! Il s'agissait d'une somme mobilière ; c'était Jean Galéas qui en était débiteur ; cette dette s'étendait à ses *hoirs et ayans-cause :* on en quitte Jean Galéas et ses *hoirs et ayans-cause.* Et il faut remarquer que Jean Galéas, d'après les lettres d'avril 1361, ne pouvait jamais être qu'*usufruitier.*

Ainsi, vous voyez, Messieurs, comment tombe et tombe complètement l'argument qu'on prétendait tirer de ce mot *ayans-cause.*

Quant aux enfans d'Isabelle de France, il en est également question plus bas, relativement aux mêmes sommes; et l'on dit simplement : « *Voulons qu'ils en* « *demeurent quittes à tousjours.* »

Vient ensuite le mandement donné par le roi, pour l'exécution de la transaction qu'il vient d'approuver. Le voici tout entier : « Se donnons en man- » dement, par ces mesmes présentes, à noz amez et féaulx » les gens de nosdits comptes, aux baillis de Troyes, de » Victry et de Chaumont, et à tous noz aultres justiciers, » officiers et subjectz qui à présent sont ou qui pour le » tems avenir seront, ou à leurs lieuxtenans et à chascun » d'eulx si comme à lui appartiendra, que ledit conte de » Vertus ou nom des enfans de luy et de nostredite seur, » *leurs hoirs ou successeurs au temps advenir*, ou ledict gou- » verneur qui à présent est ou qui pour le tems avenir sera » pour eulx, facent, souffrent et laissent *jouir et user plai-* » *nement et paisiblement* desdits lieux de Vertus, de Moymer, » de Ronnay et de la Ferté-sur-Aube, et des domaines, » rentes, proffiz et émolumens, fiefz, arrière-fiefz, et autres » noblesses et seigneuries appartenans à ladite conté de » Vertus, selon les parties de ladite prisée contenues audit » livre collationné en ladite chambre des comptes, sans » en rien retenir excepté seulement la souveraineté, foy » et homaige, et les exemptions desdites villes de Clamenges » et autres appartenans aux églises de Moustier-en-Der,

» de Molesmes, de Clervaux, dont dessus est faite men- » tion; et se aucune chose estoit faite ou actemptée en con- » traire, si soit ramenée, tantost et sans délay, en premier » état et deu; et que ce soit chose ferme et estable à tou- » jours, nous avons fait mettre nostre scel à ces présentes, » sauf en autres choses nostre droit et l'autruy en toute. » Donné à Paris, le samedi neuvième jour de juing, l'an » de grâce mil trois cens soixante-quinze, et de notre règne » le douzième. »

Dans ce mandement, vous le voyez, Messieurs, il s'agit bien des enfans d'Isabelle de France; mais le mot dont on argumente ne s'y trouve pas : on y lit seulement : « *leurs hoirs ou successeurs*; » et ces mots ne peuvent être entendus que suivant le titre primitif. Ils le doivent d'autant plus, que nous avons vérifié la copie des lettres-patentes de 1375, conservée aux archives du royaume, et que nous avons reconnu que l'acte du roi Jean, d'avril 1361, y est intercalé et cité dans son entier.

Voilà donc l'argument tiré des lettres-patentes de 1375, entièrement détruit par ces lettres mêmes.

Contrat de mariage de Valentine de Milan.

On a invoqué aussi le contrat de mariage de Valentine de Milan de 1387 (ou plutôt du 27 janvier 1386), dans lequel Valentine, fille de Galéas et d'Isabelle, se serait constitué le comté de Vertus comme une propriété patrimoniale.

Nous nous sommes fait remettre une copie de ce contrat, qui est extrêmement long et rédigé en assez mauvais latin, comme les actes de l'époque: vous pourrez le lire, Messieurs, et vous y verrez que le comté de Vertus y est qualifié un *propre* de Valentine (ce qui était vrai, puisqu'il lui venait du chef de sa mère); mais vous y trouverez aussi cette clause (1): » Item est actum quòd comitatus Virtutum et titulus dicti » comitatûs remaneant præfato domino Johanni Galeas, » toto tempore vitæ suæ; posteà autem perveniant ad dictam » suam natam et suos heredes vel causam habentes, *sicut » debet.* »

Ne pourrait-on pas dire, Messieurs, que ces mots *sicut debet* se lient parfaitement aux lettres du roi Jean, et prouvent que l'on connaissait fort bien la domanialité et la clause de retour?

Ce n'est, toutefois, pas d'une semblable énonciation que nous tirons le motif de décider, non plus que de diverses expressions que nous pourrions vous montrer n'être pas aussi positives qu'on l'annonce. Il y a une réponse beaucoup plus tranchante et plus courte; c'est celle qui résulte des principes.

On ne peut se faire un titre à soi-même. Il n'appartenait à personne de porter atteinte au titre primordial. Les stipulations matrimoniales du titulaire au second degré sont tout-à-fait étrangères à l'acte d'avril 1361. Voilà, Messieurs, des vérités manifestes qui doivent nous faire écarter le contrat de mariage de Valentine de Milan.

Et qu'importe que ce contrat ait reçu l'approbation du roi, et ait été fait en présence des grands du royaume! Le roi l'a-t-il lu; et lui appartenait-il, lui

---

(1) Archives du royaume, *section historique*.

convenait-il d'en critiquer les expressions, lorsque l'acte d'avril 1361 restait toujours le seul titre du possesseur de Vertus?

Un autre acte a aussi été invoqué; et celui-là, malgré toutes nos recherches, il nous a été impossible de le découvrir. C'est un partage du 25 juin 1445 (qui, au surplus, doit se trouver entre les mains des héritiers de Soubise, puisque c'est leur titre, celui d'après lequel, notamment, le comté de Vertus aurait passé à la maison d'Orléans, et de celle-ci à la maison de Bretagne). Partag de 144

Or, à l'égard de ce partage, ne pouvant qu'interroger les anciens mémoires, qu'apprenons-nous? qu'il a été passé entre Charles, duc d'Orléans, et Marguerite d'Orléans, sa sœur, veuve du comte d'Étampes; qu'il embrassait les trois successions de Louis d'Orléans, de Valentine de Milan, leurs père et mère, et de Philippe d'Orléans, comte de Vertus, leur frère prédécédé; enfin que, par ces actes, la part de Marguerite d'Orléans a été fixée à 1,800 livres de rente, pour lesquelles on lui a assigné le comté de Vertus et les seigneuries de Gandelus, Nogent-l'Artaut et Luzarches.

Rien de plus simple que de voir figurer Vertus dans le partage de la succession de Valentine de Milan, puisque les lettres d'avril 1361 l'attribuaient aux enfans et aux descendans d'Isabelle de France. Rien de plus simple aussi que de le voir passer à une femme, puisque ce n'était pas un fief masculin. Mais, admettons que le partage de 1445 qualifiât, comme on le dit, le comté de Vertus de *propriété patrimoniale* (ce qu'au surplus nous ne voyons pas dans les extraits que donnent les anciens mémoires). Eh bien! qu'en résulterait-il? Cela change-t-il la cause originaire et la nature de la possession? Cela peut-il nuire aux droits de la couronne, et à la conservation de son domaine, qui est mis hors du commerce, qui est déclaré sacré, qui est imprescriptible, même par la prescription centenaire? Eh! qu'importe un acte que des héritiers font entre eux? Encore une fois, ont-ils pu se faire un titre à eux-mêmes? ont-ils pu changer une disposition royale que son auteur lui-même n'avait modifiée par aucun acte subséquent, et à laquelle il n'aurait pu toucher qu'en violant ces lois d'inaliénabilité, dont lui-même il se montra toujours si religieux observateur, comme nous l'apprend son successeur et son fils, dans l'ordonnance de septembre 1366?

Mais, Messieurs, nous retrouvons, dans ces anciens mémoires, un fait bien important. En 1361 et 1375, le comté de Vertus est donné pour trois mille livres tournois de revenu (et vous savez que l'opération contradictoire des commissaires établit même un excédant). Or, en 1445, savez-vous pour quelle valeur le même comté est donné à Marguerite d'Orléans? On y ajoute trois seigneuries, Luzarches, Nogent-l'Artaut et Gandelus; et le tout réuni est estimé *500 livres de revenu*, et abandonné à ce taux! N'est-on pas fondé à dire que c'est à cause de la réversion dont

Vertus était frappé, que sa valeur a été ainsi diminuée ! N'y est-on pas d'autant plus fondé, que, de son côté, le copartageant de Marguerite d'Orléans, Charles d'Orléans, son frère, avait dans son lot des biens concédés par forme de dons limités et grevés de retour, qui ont indubitablement été estimés dans une proportion équivalente.

Ainsi, tout indique que la véritable condition du comté de Vertus a été parfaitement connue et appréciée dans l'acte de 1445.

Nous finirons, sur ce point, par vous faire remarquer qu'il y a encore inexactitude dans le mémoire, lorsqu'on y dit (page 3) que Vertus fut abandonné à Marguerite d'Orléans pour 18,000 francs de rente : (on avait imprimé 1,800 ; mais dans l'exemplaire qui nous a été remis et probablement dans les vôtres, on a ajouté à la main un zéro : or, vous venez de voir qu'il y a erreur dans l'une ou l'autre allégation).

On argumente aussi de la donation du 29 septembre 1485, faite par François II, dernier duc de Bretagne, à son fils naturel, le baron d'Avaugour. Donation de 1485.

De tous les actes invoqués, c'est celui qui mérite le moins de fixer votre attention ; car c'est celui qui a fait passer Vertus dans la branche naturelle, au préjudice de la descendance légitime, et en même temps, nous pouvons le dire, au préjudice de la couronne. En effet, lorsque Anne de Bretagne, fille du même François II, duc de Bretagne, épousa Louis XII, à elle seule appartenait, par le droit, le bénéfice de la concession de 1361, qui d'elle passa virtuellement (pour la moitié du moins) à Claude de France, sa fille aînée, et de celle-ci au roi Henri II, ce qui forma une seconde incorporation avec la couronne en 1547.

Mais que dit cet acte de 1485, que nous avons encore vérifié? Il attribue Vertus aux héritiers, et (ce qui est digne de remarque) aux seuls *héritiers procréés en loyal mariage,* du baron d'Avaugour. Le duc François II ne pouvait, bien évidemment, conférer plus de droit qu'il n'en avait lui-même: aussi trouve-t-on dans l'acte des expressions qui semblent indiquer cette pensée. Et qu'importe, au surplus! Le principe est absolu: on ne peut donner plus qu'on n'a.

Nous avons fini, Messieurs, sur tous ces actes. Vous voyez qu'il n'en est pas un seul auquel il y ait lieu de s'arrêter, et qu'il faut toujours, comme nous le disions en commençant, remonter à l'acte d'avril 1361.

§ IV. QUESTION DE GARANTIE.

Arrive un dernier point, qui terminera cette trop longue discussion.

Nous avons eu l'honneur de vous dire dans l'exposé des faits, et vous n'avez pas oublié, qu'en 1704, la terre et seigneurie de la Ferté-sur-Aube, formant partie du comté de Vertus, avait été adjugée sur décret forcé au comte de Toulouse; qu'en 1708, le comte de Toulouse obtint, dans le but d'affranchir cette terre de la domanialité, de premières lettres-patentes qui furent retirées sur les observations par lesquelles d'Aguesseau, alors procureur général, montra qu'il devait s'opposer à leur enregistrement; qu'en 1725, une seconde tentative fut faite auprès de M. Joly de Fleury, qui refusa, comme son prédécesseur, d'acquiescer à l'enregistrement des mêmes lettres-patentes; qu'en 1728, le comte de Toulouse, voulant unir la Ferté-sur-Aube au duché de Château-Villain, qui venait d'être créé en sa faveur, obtint, à cet effet, suivant la marche qui lui avait été tracée par M. Joly de Fleury, des lettres-patentes qui furent enregistrées au parlement.

Lettres-patent de 1728.

Déjà, Messieurs, nous avons indiqué dans quel sens avait été donné l'assentiment du procureur général: mais il faut que vous soyez complètement fixés sur ce point, comme aussi sur le sens et les effets de l'enregistrement par le Parlement.

Pour obtenir l'assentiment du procureur général, le conseil du comte de Toulouse avait rédigé des mémoires, auxquels le procureur général avait répondu par d'autres mémoires en forme de notes. Ces derniers mémoires, écrits en entier de la main de M. Joly de Fleury, avaient été conservés, et ils ont été déposés par son fils, lors de l'instance de 1779. Imprimés dans le travail de l'inspecteur général, ils sont parvenus jusqu'à nous; nous vous les lirons, Messieurs, et ce sera le meilleur résumé de tout le procès.

On voit, dans ces mémoires, combien l'opinion de

M. Joly de Fleury était précise sur toutes les difficultés que nous venons de débattre, et quelles eussent été ses conclusions s'il avait eu à les présenter au parlement sur le fond de l'affaire. Mais, la question réduite à l'union de la Ferté-sur-Aube au duché de Château-Villain, il ne crut pas devoir s'y opposer. Le parlement partagea cette opinion. Les motifs en peuvent être facilement aperçus.

Les premières lettres-patentes de 1708 touchaient à la question de domanialité et de réversion : le procureur général se prononça contre leur enregistrement, comme l'eût fait le parlement lui-même.

Mais les lettres-patentes de 1728 laissent soigneusement de côté cette question, et la lecture que nous en avons donnée vous aura fait remarquer trois points importans : 1.° le procès de domanialité et de réversion reste tout entier, si bien que ces lettres constatent qu'il est demeuré et demeure encore appointé devant le parlement, suivant les arrêts de 1533 et de 1567 ; 2.° ces lettres déclarent qu'elles n'ont pour but que l'union de la Ferté-sur-Aube au duché de Château-Villain ; et 3.° elles ne maintiennent le comte de Toulouse dans la propriété incommutable de la Ferté-sur-Aube, que sur le motif d'une garantie procédant du fait de Louis XII et prenant sa source dans le partage de 1445, dont nous parlions tout-à-l'heure.

Les choses réduites à ces termes, il y avait surtout un motif décisif, pour que, à l'occasion d'une faible partie du comté de Vertus, le parlement ne soulevât pas de nouveau le procès tout entier de la domanialité et de la réversion de ce comté. Le duché de Château-Villain n'avait été érigé, au profit du comte de Toulouse, qu'avec clause de retour à la couronne.

Ainsi, il existait un double gage de la conservation des droits de l'État, non seulement sur le comté de Vertus tout entier, mais spécialement sur la Ferté-sur-Aube même : d'une part, la question de domanialité et de réversion était réservée tout entière ; et, de l'autre, la Ferté-sur-Aube, désormais incorporée au duché de Château-Villain, se trouvait frappée une seconde fois de réversion à la couronne.

Tout au plus pourrait-on prétendre que la question de garantie se trouvait implicitement entamée par l'enregistrement des lettres patentes qui la prenaient pour base ; mais ce ne serait là qu'une erreur de plus. Et, en effet, un tel enregistrement n'était pas un arrêt sur le fond : il l'eût été, qu'alors fût arrivé le principe qu'en cette matière l'exception de la chose jugée n'était pas admise, et que le domaine inaliénable de la couronne ne pouvait pas non plus être aliéné par des arrêts.

Et il est si vrai qu'on ne considéra pas la question de garantie elle-même comme engagée par l'enregistrement de ces lettres patentes, que les mémoires de M. Joly de Fleury nous apprennent que lui (qui traça la marche à suivre pour arriver à cet enregistrement), il ne considérait pas le système de la garantie comme fondé.

Pour nous, Messieurs, si nous avions à traiter cette question même, nous n'hésiterions pas à nous ranger à l'avis de M. Joly de Fleury.

: la garantie en le-même.

Charles, duc d'Orléans, fait un partage avec Marguerite d'Orléans, sa sœur. La clause ordinaire de garantie entre cohéritiers y est stipulée. Le comté de Vertus est présenté, dans l'acte, comme bien patrimonial (nous le supposons). Louis XII, fils de Charles, duc d'Orléans, monte sur le trône. La branche de Valois s'éteint en 1589. La maison de Bourbon lui succède. Et en 1728, on allègue la garantie contre le roi! une garantie résultant du fait de Charles, duc d'Orléans! la garantie entre cohéritiers!.... Combien de réponses!

Mais Louis XV était-il donc le représentant de Charles, duc d'Orléans, dans l'ordre de la famille! Non certes. La maison de Bourbon n'a de commun avec la branche de Valois que l'unité d'origine, qui remonte bien au delà de 1445. Et puis, on ne peut confondre ainsi le droit privé de la famille avec le droit spécial de la couronne. La couronne est une tierce partie : elle ne peut être forcée de subir les conséquences d'une garantie entre cohéritiers. Où les titres sont différens, il ne peut y avoir confusion de l'un à l'autre.....

: la garantie d'après les nouvelles.

Quoi qu'il en soit, Messieurs, la question de garantie n'est plus dans le procès actuel. Elle a pu paraître grave en 1728 : il n'y avait pas alors de loi qui révoquât, sans indemnité, les donations du domaine de l'Etat, même avant l'expiration du terme fixé pour la réversion par le titre primitif. Ce n'était pas alors une action en *révocation* qui pût être exercée, mais seulement une action en *réunion.* On comprend donc que celui qui niait la domanialité, puis l'échéance de la réversion, élevât, comme moyen subsidiaire, la question de garantie. Mais aujourd'hui, les bases ont changé; ce n'est plus *dans l'événement de la réversion* que les droits de l'Etat prennent leur source, même à l'égard des donations antérieures à 1566 ; c'est *dans la loi,* qui, par le seul fait de *l'existence d'une clause de retour,* révoque *hìc et nùnc,* et révoque sans indemnité. Plus de question de garantie : la législation l'a tranchée. Aussi ne vous a-t-elle été présentée ni dans les plaidoiries, ni dans les mémoires.

Cette observation est grave, Messieurs; car, d'une part, elle prouve, sous un nouveau rapport, qu'on ne peut rien induire, pour le procès actuel, de l'enregistrement par le parlement des lettres-patentes de 1728, fondées sur le seul motif de la garantie. Mais elle prouve plus que cela.

Nous savons, par ces lettres-patentes, que la question de la garantie a été le seul motif des arrêts provisoires du parlement, de 1533 et 1567, et de l'arrêt du conseil de 1695. Nous savons, par M. d'Argouges, rapporteur au conseil en 1695, qu'il reconnut lui-même la domanialité de Vertus, et ne fut arrêté, comme le conseil, que par la question de garantie. Nous savons, par M. Joly de Fleury, que les premières lettres pa- Observation finale.

tentes obtenues par le comte de Toulouse, touchant à la question de domanialité et de réversion, deux procureurs généraux (dont l'un était d'Aguesseau) les ont repoussées; et que, dans les secondes, lorsqu'il ne s'agissait plus que d'unir un membre du comté de Vertus à une duché-pairie réversible à la couronne, le procureur général a exigé qu'on n'invoquât pas d'autre motif que celui de la garantie. Nous savons, à n'en pouvoir douter, que ce fut encore la garantie qui dicta seule le dernier arrêt du conseil de 1779. Eh bien! nous le demandons, que serait-il donc arrivé si l'affaire s'était présentée devant le parlement, et même devant le conseil, dégagée, comme elle l'est aujourd'hui, de la question de garantie! Bien évidemment, elle n'aurait pas fait la plus légère difficulté; la réunion eût été ordonnée.

Vous ne perdrez pas de vue, Messieurs, cette observation importante : la seule question qui fût sérieuse autrefois n'existe plus au procès. Il ne s'agit plus que de savoir, 1.° si *Vertus était domanial*, et 2.° (non pas si le cas de réversion était arrivé en 1485 ou en 1746, mais seulement) si les lettres d'avril 1361 *contiennent une clause de retour* dont l'effet n'a pas été annullé par la seule survenance de Valentine de Milan. Or, Messieurs, c'est là ce que nous croyons démontré jusqu'à l'évidence.

§ V.
RÉSUMÉ.

Vous voyez donc combien cette cause se réduit.

Sur le premier point, il n'y a même pas besoin de

cet ancien principe du droit français qui « *rendait royal* « *ce qu'un roi avait possédé* », de cette antique maxime de l'union tacite « *tenue en ce royaume de siècle en* » *en siècle* » ; il suffit du traité de 1335 ; il suffit des lettres d'avril 1361. VERTUS ÉTAIT *DOMANIAL*.

Sur le second point, il suffit également de lire les lettres d'avril 1361. VERTUS ÉTAIT *RÉVERSIBLE*.

Mais, Messieurs, nous vous avons annoncé que la dissertation de M. Joly de Fleury nous servirait de seul résumé : nous tiendrons parole ; la voici :

« La maxime de l'union tacite par l'avénement au trône » a toujours été soutenue comme étant des premières lois » de la monarchie ; il paroît difficile que les gens du roi aban- » donnent de pareilles maximes, soit par rapport au fond de » ce droit, soit par rapport aux conséquences.

» De toutes les unions, celle de l'avénement à la couronne » est même la plus évidente ; le roi, venant au trône, con- » tracte une espèce de mariage avec la couronne.

» Il acquiert un trône, un domaine, un royaume ; mais » il apporte en dot tous les biens qu'il possède, qui se » réunissent à l'ancien domaine ; il acquiert assez pour ne » pas craindre de donner à la couronne, qui lui donne tout, » le peu de patrimoine qu'il avoit avant d'y parvenir.

» La couronne apporte au nouveau roi, non-seulement » tous ses domaines, mais elle s'engage à apanager tous ses » enfans. C'est, de la part du nouveau roi, un prix très-mé- » diocre de cet engagement, que de donner aussi à la cou- » ronne tout le bien qu'il possédoit avant son avénement.

» Ces principes sont d'une extrême conséquence : c'est » par eux que le royaume peut s'accroître et qu'il a recouvré » tant de membres de son ancien patrimoine, qui s'en » étoient éclipsés ; sans ces principes, les filles et les cadets

» prétendroient avoir partage dans les biens que les rois leurs » pères avoient possédés avant que d'être parvenus à la » couronne : il seroit très-dangereux de se départir de ces » maximes.

» Et comment pourroit-on le faire, quand MM. de La » Guesle, Choppin et Dupuy attestent que la réunion du » comté de Champagne à la couronne en 1314 fut décidée » contre Jeanne de France, fille unique de Louis-le-Hutin!

» Il est vrai qu'en 1317, Philippe-le-Long fit une tran- » saction où il appeloit Jeanne de France au comté de » Champagne, s'il décédoit sans enfans mâles; mais cette » transaction ne pouvoit porter préjudice aux droits de la » couronne.

» Aussi, par une seconde transaction, du 14 mars 1335, » Philippe, roi de Navarre et comte d'Évreux, renonça » totalement à la Champagne, ce qui confirma l'ancienne » réunion.

» Si on juge le comté de Champagne et le comté de » Vertus réunis en 1314, on décidera qu'il n'a pu être » aliéné au mois d'avril 1361......

» Par le traité de Bretigny, la rançon du roi Jean avoit » été fixée à trois millions, dont six cent mille livres de- » voient être payées comptant à Calais, avant que le roi » pût rentrer dans le royaume. Galéas de Milan offrit de » payer ces six cent mille livres, non pas à condition de la » cession du comté de Vertus, mais à condition que son fils » épouseroit Isabelle de France, fille du roi Jean. L'aliéna- » tion de Vertus ne fut donc ni le prix de la rançon, ni la » condition exigée par celui qui payoit. Le mariage étoit » le seul prix de l'argent qu'il donnoit pour la rançon; et » le mariage ayant été fait, la condition étoit accomplie.

» Le mariage seul, et non la dot, fut la condition des » six cent mille livres données par Galéas de Milan.

» Il est vrai qu'on donna en dot à Isabelle de France la

» terre de Sommières, mais à la charge de retour à la cou-» ronne par le défaut d'hoirs; et que dans la suite le roi » Jean, de retour, retira Sommières, et donna en échange » le comté de Vertus : mais ni Sommières ni le comté de » Vertus n'ont été donnés pour prix de la rançon.....

» Les aliénations pour dot des filles de France étoient » prohibées; il seroit difficile que l'on pût abandonner des » maximes aussi importantes. Quel désordre et quelles con-» séquences, si on autorisoit l'aliénabilité des domaines à » ce titre, même pour le passé !

» Et si l'on pouvoit donner un domaine pour doter une » fille de France, ce ne pourroit être du moins qu'avec la » clause de réversion à la couronne.

» On ne peut révoquer en doute que le roi ne regardât » Vertus comme faisant partie de son domaine; il avoit « donné Sommières, il le retire pour y substituer Vertus, » aux mêmes clauses et conditions, sans qu'il y en ait une » seule, même la plus légère, qui soit changée.

» Il regarde Sommières comme une terre du domaine, » puisque, dans la clause de réversion, on le caractérise » *tanquàm nostrum proprium domanium;* puisqu'en révo-» quant la donation, il le remet dans son domaine; *retinentes* » *et ad nostrum domanium reponentes.*

» Il y subroge Vertus comme terre de son domaine, ce » même comté que le roi, dans son conseil, avoit jugé, dès » 1314, être réuni à son domaine avec le comté de Cham-» pagne; il le regarde comme tel dans l'acte de donation » de 1361.

» Il y appose une clause de réversion, *ad nos et succes-* » *sores nostros reges Franciæ, tanquàm nostrum domanium* » *proprium revertantur.*

» Il ordonne aux gens de ses comptes, baillis, receveurs » et autres, d'en faire jouir Galéas de Milan et Isabelle de

» France, *nonobstante quòd de nostro regio fuerint domanio, » ordinationibusque et statutis factis seu faciendis.*

» Peut-on des expressions plus formelles! Mais si Vertus » étoit domaine, si le roi l'a regardé comme tel en le don- » nant, s'il ne l'a donné que pour asseoir la dot de sa fille, » peut-on douter qu'il n'étoit donné qu'avec clause de re- » tour!

» On présumeroit le retour, et par la nature du domaine, » et par le caractère de la dot.

» Cette présomption acquiert le degré de preuve par les » termes mêmes des lettres.

» Il n'y a rien de plus précis. Sommières n'a été donné » qu'à la fille, qu'au gendre et aux enfans et descendans; » voilà les bornes de la première donation.

» Il étoit inutile de stipuler le retour dans une clause qui » borne la donation aux donataires et aux descendans: le » défaut de descendans procure alors naturellement la ré- » version.

» Il n'y a pas une expression qui marque le pouvoir » d'aliéner, ni par vente, ni par donation, ni autrement.

» Il n'y en a point qui parle des héritiers collatéraux.

» La réversion pour Sommières étoit donc certaine par » l'acte même.

» La donation ne s'étendoit pas jusqu'aux enfans que » Galéas auroit d'un second mariage.

» Par les mêmes lettres on substitue Vertus à Sommières; » et dans quels termes!

» La donation est bornée de même à la fille, au gen- » dre, aux enfans et descendans.

» La clause de réversion est stipulée dans le même esprit.

» Les mêmes termes que l'on avoit employés pour Som- » mières, on les emploie aussi pour Vertus, qui n'a été » donné qu'à Isabelle de France et à ses enfans.

» Il y a plus, le roi ajoute qu'il ne donne qu'à condi-
» tion de la foi et du ressort; et dans cette clause il ne
» parle encore que de sa fille, de son gendre et de leurs
» enfans ; *dicta Isabella filia nostra, et dictus Joannes*
» *Galeas vel liberi descendentes ab ipsis.*

» On trouve donc un moyen acquis au roi, et tiré de
» l'acte même de cession du comté de Vertus de 1361.

» Cet acte renferme un retour à la couronne à défaut de
» descendans.

» Cette clause est fortifiée par ce qui a précédé et ce
» qui a suivi.

» Ce qui a précédé, est la cession du comté de Som-
» mières pour trois mille livres de rente, avec la réver-
» sion à la couronne.

» Le roi le retire et le réunit à son domaine, et donne
» Vertus en indemnité.

» On a donc eu intention de ne le donner qu'avec la
» même clause.

» La dot étant payée par la terre de Sommières chargée
» d'un droit de retour, le roi Jean n'a pu l'échanger contre
» une propriété perpétuelle; ou il y auroit eu lésion en
» subrogeant Vertus à Sommières. On a dû exiger que
» Galéas de Milan et ses enfans le possédassent avec la
» même réversion à la couronne.

» Et effectivement on l'a donné aux mêmes conditions.

» La clause de réversion y est précise.

» Les termes de l'acte le font envisager comme un don
» qui n'est propre qu'à Galéas de Milan, à Isabelle et à
» leurs enfans.

» Il n'est point dit qu'ils en pourront disposer par vente,
» donation ou autrement.

» Il est donc évident que la donation n'étant faite qu'aux
» descendans, le défaut de descendans doit opérer le re-
» tour à la couronne....

» Les lettres-patentes (de novembre 1361) prononcèrent » surabondamment la réunion.

» Ce qui achève de démontrer que l'union était par- » faite avant ces lettres-patentes, c'est que, dans l'acte du » mois d'avril 1361, d'aliénation du comté de Vertus, le » roi le regarde comme son domaine, *tanquàm domanium* » *nostrum*.

» Il a été tellement reconnu pour tel, que, dans un » acte du cardinal d'Estouteville, légat en France, la » chapelle de Vertus est qualifiée chapelle royale et de » fondation royale....

» En vain oppose-t-on au roi des foi et hommage faites » au roi en 1521, en 1546, en 1548 et en 1576. Outre » que la première, la seconde et la troisième n'ont point » été enregistrées à la chambre des comptes, que la der- » nière, faite à la chambre des comptes, porte la réserve » *qu'il n'y ait aucune chose du domaine du roi, ni autre* » *cause d'empêchement*, les actes de possession ne peuvent » faire préjudice au roi, dont le domaine est inaliénable » et imprescriptible.....

» Le roi, parce qu'il est héritier du duc d'Orléans et » tenu de ses faits, seroit-il d'une condition différente que » le duc d'Orléans lui-même, si on eût évincé du vivant » du duc, avant que ces biens fussent réunis à la couronne!

» Le roi ne peut être tenu au-delà de ce dont le duc » l'auroit été.

» Le duc d'Orléans, qui a stipulé la garantie, n'avoit » pas le droit de la réversion.

» Le droit de réversion étoit en faveur d'un étranger; » c'étoit le domaine de la couronne.

» Et parce que le domaine a réuni et le droit de réver- » sion et les droits du garant, on ne peut étendre la ga- » rantie au-delà de ce qu'elle auroit produit contre le duc » d'Orléans.

» On ne peut faire tomber la garantie sur Vertus, que » comme la clause même le porte, de tous troubles, » dettes et obligations, arrérages de douaires, hypothè- » ques et autres empêchemens; ce qui est une garantie de » tout ce qui pouvoit provenir de troubles, dettes, obli- » gations et hypothèques du fait de Charles, duc d'Orléans.

» Mais en cédant Vertus, il le cédoit tel qu'il étoit dans » la succession, avec le risque, par conséquent, de la » réversion.

» Cette vue se fortifie par le peu de valeur qu'on donna » à Vertus : il avoit été estimé, en 1361, trois mille livres » de revenu; on le donne, en 1445, pour cinq cents livres, » quoiqu'on y joigne Nogent-l'Artaut, Gandelus et Lu- » zarches.

» Cela fait connoître que le duc d'Orléans en cédoit la » propriété avec le vice de la chose, qui en diminuoit tel- » lement la valeur, que ce même comté, valant trois mille » livres en 1361, n'a pu être estimé, à cause du hasard de » la réversion, que moins de cinq cents livres.

» Par cette même raison, la garantie n'a point été stipulée » dans les termes de fournir et faire valoir.

» Elle ne renferme point le cas de la réversion, quoique » connu par l'acte de 1361, qui étoit le titre constitutif.

» Enfin, on a cédé un effet de la succession, de la même » nature qu'il étoit dans la succession.

» On le garantit tel qu'il étoit dans les biens de la mère, » et avec les conditions sous lesquelles il s'y trouvoit. »

Que peut-on dire, Messieurs, de plus concluant et de plus clair! Nous ne pouvons que nous arrêter, après vous avoir fait entendre d'aussi graves paroles.

DANS CES CIRCONSTANCES, ET PAR CES CONSIDÉRATIONS, NOUS ESTIMONS qu'il y a lieu de mettre l'appellation et ce dont est appel au néant; décharger le préfet de la Marne, ès noms, des condamnations contre lui prononcées; émendant et statuant au fond, ordonner que l'État rentrera, conformément à la loi du 14 ventôse an 7, en possession des biens et terres dépendant de l'ancien comté de Vertus, en quelques mains qu'ils se trouvent.

ARRÊT

DE LA COUR ROYALE DE PARIS

(PREMIÈRE CHAMBRE),

Présidence de M. le premier Président SÉGUIER.

(Audience du mardi 3 avril 1827.)

LA COUR,

En ce qui touche la fin de non-recevoir opposée par les intimés défendeurs, et qu'ils font résulter de l'autorité de la chose jugée :

Considérant que l'action exercée au nom de l'État est l'action à fin de révocation de la concession du domaine de Vertus, par application de l'article 3 de la loi du 4 mars 1799 [14 ventôse an 7], et fondée sur l'existence de la clause de retour, au profit de l'État, dans l'acte primitif de la concession ;

Que la révocation de la concession dans les termes et avec les facultés accordées par la loi nouvelle, ne présente ni la même demande, ni la même cause de demande que celles qui ont été portées au parlement de Paris et au conseil du roi jusqu'en 1779, et qui tendaient à la réversion du domaine de Vertus, par suite de l'accomplissement de l'événement opérant le retour ;

Considérant, au surplus, à l'égard des instances qui ont subsisté, tant au parlement de Paris qu'au conseil du roi, que sur la demande du procureur général, à fin de réversion du domaine de Vertus au domaine de l'État, l'arrêt du 12 mai 1533 prononça un appointement en droit sur le fonds, en accordant provisoirement au détenteur la continuation de la jouissance;

Que l'arrêt du 23 août 1567 a maintenu les dispositions de l'arrêt précédent jusqu'au jugement du procès appointé en droit;

Que les lettres-patentes de 1728 constatent cet état de l'instance au parlement de Paris, resté toujours saisi de la demande originaire du procureur général, et qu'aucune évocation de fait n'a dessaisi;

Que les arrêts du conseil des 22 mars 1695, 31 octobre 1752, 17 décembre 1754 et 6 juillet 1779, rendus soit avec le fermier, soit avec l'inspecteur général du domaine, n'ont prononcé et pu prononcer que sur le droit de jouissance provisoire, ni l'un, ni l'autre de ces agens n'étant contradicteur légitime pour la défense de la propriété du domaine de l'État ou de la couronne;

Que l'effet de la chose jugée par les décisions du conseil a été seulement d'interdire toute entreprise sur la jouissance des biens dont il s'agit, de la part des agens du domaine, jusqu'à l'arrêt qui terminerait l'instance appointée au parlement de Paris;

Qu'enfin, le roi ne pouvant aliéner les domaines de l'État ou de la couronne sans vérification dans les parlemens, son conseil, par les mêmes principes, n'avait point compétence pour prononcer sur les actions immobilières de l'État ou de la couronne;

Et qu'ainsi l'autorité de la chose jugée ne peut être invoquée par les intimés.

Au fond :

Considérant que la loi du 4 mars 1799 [14 ventôse an 7] prononce la révocation de toutes les aliénations contenant clause de retour au profit de l'État, faites à quelque titre que ce soit, et à quelques époques qu'elles puissent remonter ;

Qu'en fait, les lettres-patentes d'avril 1361 portent stipulation expresse du retour à la couronne, à l'extinction de la descendance légitime d'Isabelle de France ;

Que ce droit d'expectative de l'État suffit seul pour l'application de la loi, dont la volonté est de fixer tous les droits éventuels, et d'éteindre toutes les actions dépendantes d'événemens futurs, relativement aux anciennes concessions ;

Que la stipulation du retour à la couronne faite par le roi Jean, en 1361, et restreinte seulement par le droit d'usufruit du mari, dans le cas de mort d'Isabelle de France sans enfans nés d'elle, rend superflu l'examen de la nature de la propriété à titre privé, ou autrement, dans les mains du roi, qui a voulu expressément l'unir, dans le cas prévu, au domaine de la couronne ;

Considérant, surabondamment, que lesdites lettres-patentes énoncent que, dès l'époque de 1361, le domaine concédé était du domaine de la couronne ;

Considérant que la loi précitée de ventôse an 7 n'a subordonné l'action de l'État à aucune condition, et moins encore aux stipulations de garantie entre les concessionnaires ou leurs héritiers, pendant le temps de leur jouissance, garantie qui n'a jamais pu s'étendre aux effets d'une loi à venir :

LA COUR, sans s'arrêter aux fins de non-recevoir et conclusions des intimés, déclare révoquée la concession du domaine de Vertus et dépendances, détaillés aux lettres-patentes d'avril 1361 ; autorise en conséquence les agens du domaine de l'État à reprendre possession desdits domaine et dépendances, conformément à la loi de . mars 1799 [ventôse an 7], et sauf la faculté accordée par l'article 14 de ladite loi ;

Condamne les intimés aux frais déboursés, par l'appelant, des causes principale, d'appel et demandes.

NOTE

SUR L'ARRÊT DU PARLEMENT

Du 22 Janvier 1322.

De nouvelles recherches faites pendant les remises qui ont eu lieu depuis le plaidoyer qui précède, ont fait retrouver l'arrêt du Parlement du 22 janvier 1322, avant la prononciation de l'arrêt de la cour royale de Paris qu'on vient de rapporter.

Ce document, qui remonte à vingt années après que le Parlement eût été rendu sédentaire, n'est pas moins précieux par la nature des questions qu'il traite, que par son ancienneté.

On y voit un exemple bien notable de l'application du principe en vertu duquel tous les biens dont le roi était propriétaire avant sont avénement au trône s'unissent de plein droit au domaine de la couronne par le fait même de cet avènement: « *Statim quandò* » *ipse fuit rex desiit possidere ut comes . . . tanquàm rex,* » *et non tamquàm comes, de præmissis saisitus decessit.* »

Le principe de la masculinité des apanages, et de l'exclusion des filles dans les hérédités apanagères (dont les règles tenaient de si près à celles concernant la couronne) y est établi d'une manière non moins nette et d'autant plus remarquable qu'à cette époque, les effets et l'application de la loi salique

étaient encore contestés : « *cui nos successimus tan-*
» *quam masculus et hæres proximior ejusdem* in dicto
» regno et omnibus præmissis et aliis pertinentiis
» dicti regni. »

Le principe *le mort saisit le vif* y est écrit en toutes lettres, comme l'une des anciennes coutumes de la France : « *Per consuetudinem patriæ notoriam quæ*
» *dictat quod mortuus saisit vivum.* »

On y remarque aussi avec quelle précision est établie, dès cette époque reculée, l'importante distinction entre l'action possessoire et l'action pétitoire : « *Remanebimus in saisinâ nostrâ, salvâ .... questione*
» *proprietatis.* »

Le *procureur du Roi* qu'on y voit exerçant les actions du domaine de l'état, à une époque si voisine de l'établissement du ministère public ; la plaidoirie et la réplique si bien constatées ; cet exposé si clair de l'objet du litige ; la forme de cet arrêt qui montre que, dans l'origine, les arrêts du Parlement étaient libellés comme des lettres-patentes du roi : tout se réunit pour recommander ce monument judiciaire à l'attention du jurisconsulte, du publiciste et même de l'historien.

On ignore si l'inspecteur général du domaine (M. Fréteau) qui rédigea le mémoire produit au conseil du Roi en 1779, avait eu connaissance de cet arrêt dans son entier. Ce qui est certain, c'est qu'il lui donne une fausse date en l'indiquant comme du *11 février 1322*. La Guesle (4.e remontrance p. 140) lui attribue une date plus inexacte encore, celle du

11 février 1326. Enfin Husson le date aussi par erreur du *22 février 1322* (factum p. 66).

On croit devoir donner ici le texte entier de ce document curieux et important, qui n'est pas complet dans Choppin, et dont M. Fréteau n'avait donné qu'un extrait bien plus incomplet encore. On a eu soin de conserver l'orthographe de ce mauvais latin qui resta bien long-temps encore la langue des arrêts.

TEXTE

DE L'ARRÊT DU PARLEMENT

Du 22 Janvier 1322,

Copié sur la grosse en parchemin qui se trouve aux Archives du royaume, *section historique*, sous la lettre J 307, n.° 91.

KAROLUS, Dei gratiâ Francorum et Navarræ rex, universis presentes litteras inspecturis, salutem.

Notum facimus quod, cùm procurator dilecti et fidelis nostri ducis Burgondie, pro se in quantum tangit eum et ratione uxoris sue carissime neptis nostre et ejusdem uxoris nomine procuratorio, contrà *procuratorem nostrum pro nobis*, quem dicti conjuges sub certâ formâ *coram nobis fecerant adjornari*, *proponens* quod carissimus dominus et genitor noster, tempore quo vivebat, in tractatu matrimonii de carissimo germano nostro Philippo et carissimâ uxore suâ Johannâ tunc temporis proloquti, dare et assignare promiserat dictis Philippo germano nostro et Johannæ et eorum heredibus ex dicto matrimonio procreandis, in maritagium et ob favorem dicti matrimonii et liberorum qui nascerentur ex eo, viginti milia libratas terre, in et cum honore comitatûs, et quod postmodùm dictus dominus genitor noster dictis germano nostro et ejus uxori et eorum heredibus ex dicto matrimonio procreatis et procreandis, pro dictis viginti milibus libratis terre, et ex causâ predictâ concesserat, dederat et assignaverat civitatem Pictaviensem, cum ceteris pertinenciis designatis cum honore comitatûs; *proponens etiam* quod carissimus dominus germanus noster rex Ludovicus assignaverat dicto germano nostro Philippo pro provisione, seu apanagio suo, de bonis que fuerunt carissime matris nostre, *SEX MILIA LIBRATAS TERRE IN CAMPANIÂ;*

requireret nomine procuratorio dictorum ducis et ejus uxoris, quod cum dictus Philippus germanus noster de dictis comitatu et ejus pertinenciis et sex milibus libratis terre et earum pertinenciis decessisset saisitus, ut dicebat, et dicta neptis nostra de dicto matrimonio procreata, tanquam primogenita et heres proximior in premissis dicti Philippi germani nostri succedens eidem in comitatu et terrâ predictis, esset in possessione et saisinâ de dictis comitatu et terrâ et pertinenciis eorumdem, per *consuetudinem patrie notoriam que dictat quod mortuus saisit vivum;* nos que ipsos ducem et ejus consortem super saisinâ suâ predictâ impediremus, ut dicebat, indebitè, et de novo recusando dictum ducem, ratione dicte uxoris sue, ad fidem et homagium de premissis; quod nos impedimentum hujusmodi amoveremus, ipsum que ducem, nomine et ratione dicte uxoris sue, reciperemus ad fidem et homagium de premissis supradictis; et plures alias rationes ad hoc allegans. *Procurator noster* predictus *pro nobis proposuit ex adverso* ad finem saisine et ad finem quod requesta dictorum ducis et ejus uxoris fieri non debeat, et quod nos in saisinâ nostrâ in quâ eramus de premissis deberemus remanere; quod *licèt dictus dominus germanus noster Philippus tempore quo erat comes Pictaviensis premissa possedisset ut comes, premissa tamen statim quandò ipse fuit rex, desiit possidere ut comes;* ad hoc plures causas et rationes allegans; et quod idem dominus *germanus noster Philippus tanquàm rex, et non tanquàm comes, de premissis saisitus decessit,* cui nos successimus *tanquàm masculus et heres proximior ejusdem in dicto regno, et omnibus premissis et aliis pertinenciis dicti regni,* et saisinam habuimus et habemus de premissis per dictam consuetudinem patrie notoriam que dictat quod mortuus saisit vivum; plures etiàm alias rationes ad finem predictum, super hoc proponendo; et procurator dicti ducis et ejus uxoris *plures rationes è contrario proposuit replicando.* Auditis igitur diligenter super hiis dictis partibus et propositis, hinc et indè ad finem quem quelibet ipsarum, ut premittitur, tendebat, PER ARRESTUM NOSTRE CURIE DICTUM FUIT quod predicta requesta dictorum ducis et ejus uxoris non fiet, et quod nos *remanebimus in saisinâ nostrâ* predictâ, *salvâ super premissis dictis duci et ejus consorti questione proprietatis.*

In cujus rei testimonium presentibus litteris nostrum fecimus apponi sigillum.

Actum Parisiis, in parlamento nostro, vicesimâ secundâ die Januarii, anno domini millesimo trecentesimo vicesimo secundo.

SCELLÉ :

Signé, sur le repli, CHALOP.

Per arrestum Curie, MALIT.

TABLE ANALYTIQUE
DU PLAIDOYER.

PREMIÈRE PARTIE.

FAITS.

DEUXIÈME PARTIE.

EXPOSÉ DES MOYENS RESPECTIFS DES PARTIES.

(Voir la note page 30.)

TROISIÈME PARTIE.

FIN DE NON-RECEVOIR.

QUATRIÈME PARTIE.

QUESTIONS DU FOND.

A PARIS, DE L'IMPRIMERIE ROYALE. — Février 1829.

www.ingramcontent.com/pod-product-compliance
Ingram Content Group UK Ltd.
Pitfield, Milton Keynes, MK11 3LW, UK
UKHW020211250726
13967UKWH00003B/1398

9 782011 915535